Amadeu Rossi

El Lenguaje de las Emociones
Guía Completa para la Gestión Emocional

Título Original: A Linguagem das Emoções
Copyright © 2025, publicado por Luiz Antonio dos Santos ME.

Este libro es una obra de no ficción que explora prácticas y conceptos en el campo de la inteligencia emocional y la gestión de emociones. A través de un enfoque integral, el autor ofrece herramientas prácticas para lograr el equilibrio emocional, el bienestar y el desarrollo personal.

1ª Edición
Equipo de Producción
Autor: Amadeu Rossi
Editor: Luiz Santos
Portada: Studios Booklas / Alejandro Ramírez
Consultor: Sofía Menéndez
Investigadores: Martín Herrera, Camila López, Andrés Velázquez
Diagramación: Esteban Gómez
Traducción: Valeria Domínguez
Publicación e Identificación
El Lenguaje de las Emociones Booklas, 2025
Categorías: Inteligencia Emocional / Desarrollo ersonal
DDC: 152.4 - **CDU:** 159.942
Todos los derechos reservados a:
Luiz Antonio dos Santos ME / Booklas Ninguna parte de este libro puede ser reproducida, almacenada en un sistema de recuperación o transmitida por cualquier medio —electrónico, mecánico, fotocopia, grabación u otro— sin la autorización previa y expresa del titular de los derechos de autor.

Contenido

Índice Sistemático 6
Prólogo 15
Capítulo 1 Introducción 17
Capítulo 2 Autoconocimiento 21
Capítulo 3 Inteligencia Emocional 25
Capítulo 4 Fisiología de las Emociones 29
Capítulo 5 Pensamientos y Emociones 34
Capítulo 6 El Lenguaje de las Emociones 38
Capítulo 7 Influencias Externas 42
Capítulo 8 Emociones Positivas 47
Capítulo 9 Emociones Negativas 51
Capítulo 10 Resiliencia Emocional 55
Capítulo 11 Auto-observación 59
Capítulo 12 Mindfulness 63
Capítulo 13 Respiración Consciente 67
Capítulo 14 Relajación 71
Capítulo 15 Meditación 75
Capítulo 16 Comunicación No Violenta 79
Capítulo 17 Asertividad 83
Capítulo 18 Gestionando el Estrés 87
Capítulo 19 Lidiando con la Ira 91
Capítulo 20 Superando la Tristeza 96
Capítulo 21 Venciendo el Miedo 101
Capítulo 22 Autocompasión 106

Capítulo 23 Perdón 110

Capítulo 24 Gratitud 114

Capítulo 25 Pensamiento Positivo 119

Capítulo 26 Gestión Emocional en las Relaciones 124

Capítulo 27 Gestión Emocional en la Familia 128

Capítulo 28 Gestión Emocional en el Trabajo 132

Capítulo 29 Gestión Emocional en la Educación 136

Capítulo 30 Gestión Emocional y Salud Mental 141

Capítulo 31 Autoestima: Construyendo la Base de la Confianza
.... 146

Capítulo 32 Confianza: Desarrollando la Fuerza Interior 150

Capítulo 33 Motivación: Despertando la Fuerza Interior 154

Capítulo 34 Creatividad: Despertando el Potencial Imaginativo
.... 158

Capítulo 35 Espiritualidad y Gestión Emocional 162

Capítulo 36 Cuerpo y Mente: La Danza del Bienestar 166

Capítulo 37 Alimentación y Emociones: Nutriendo el Cuerpo y la Mente 170

Capítulo 38 Ejercicio Físico y Emociones 174

Capítulo 39 Sueño y Emociones 178

Capítulo 40 Tecnología y Emociones 182

Capítulo 41 El Arte de la Adaptación 187

Capítulo 42 La Brújula de la Inteligencia Emocional 191

Capítulo 43 Alineando Emociones con Objetivos 195

Capítulo 44 Superando Traumas 200

Capítulo 45 Lidiando con la Pérdida 205

Capítulo 46 Aceptación: Abrazando la Realidad con Serenidad
.... 210

Capítulo 47 Explorando las Profundidades de la Psique 214
Capítulo 48 Inteligencia Social 219
Capítulo 49 Liderazgo y Gestión Emocional 223
Capítulo 50 Gestión Emocional en el Mundo Moderno 227
Capítulo 51 Gestión Emocional en la Práctica 232
Capítulo 52 Creando un Plan de Acción 236
Capítulo 53 Expandiendo su Kit de Gestión Emocional........... 240
Capítulo 54 Manteniendo el Equilibrio 245
Capítulo 55 Cosechando los Frutos de la Gestión Emocional .. 250
Epílogo 253

Índice Sistemático

Capítulo 1: Introducción - Explora a importância da gestão emocional e como ela nos capacita a viver de forma mais plena e consciente.

Capítulo 2: Autoconocimiento - Aborda a importância do autoconhecimento como base para a gestão emocional e como ele nos ajuda a compreender nossas emoções, pensamentos e comportamentos.

Capítulo 3: Inteligencia Emocional - Apresenta o conceito de inteligência emocional, seus pilares e como ela pode ser desenvolvida para melhorar nossas relações, saúde mental e bem-estar geral.

Capítulo 4: Fisiología de las Emociones - Explora a conexão entre corpo e mente, mostrando como as emoções desencadeiam respostas fisiológicas e como podemos usar técnicas de respiração e relaxamento para regular nossas emoções.

Capítulo 5: Pensamientos y Emociones - Analisa a interação entre pensamentos e emoções, mostrando como nossos pensamentos influenciam nossas emoções e como podemos reprogramar nossa mente para cultivar pensamentos mais positivos.

Capítulo 6: El Lenguaje de las Emociones - Desvenda o significado e a função de cada emoção, como a raiva, a tristeza, o medo e a alegria, ensinando a interpretar as mensagens que elas nos trazem.

Capítulo 7: Influencias Externas - Examina como fatores externos, como o ambiente físico, as relações interpessoais e a cultura, influenciam nossas emoções e como podemos gerenciar essas influencias para promover o bem-estar.

Capítulo 8: Emociones Positivas - Explora o papel das emoções positivas, como o amor, a gratidão e a esperança, na construção de uma vida mais feliz, saudável e resiliente.

Capítulo 9: Emociones Negativas - Aborda as emoções negativas, como a raiva, a tristeza e o medo, e como podemos lidar com elas de forma construtiva, transformando-as em oportunidades de crescimento e autoconhecimento.

Capítulo 10: Resiliencia Emocional - Apresenta o conceito de resiliencia emocional, mostrando como podemos desenvolver a capacidade de superar adversidades, aprender com as dificuldades e seguir em frente com força e otimismo.

Capítulo 11: Auto-observación - Descreve a prática da auto-observação como ferramenta para o autoconhecimento e a gestão emocional, ensinando a observar os próprios pensamentos, emoções e comportamentos sem julgamentos.

Capítulo 12: Mindfulness - Apresenta o conceito de mindfulness e como a prática da atenção plena pode nos ajudar a reduzir o estresse, aumentar o foco e melhorar a qualidade de vida.

Capítulo 13: Respiración Consciente - Explora a importância da respiração consciente como ferramenta para regular as emoções, reduzir o estresse e promover o relaxamento.

Capítulo 14: Relajación - Aborda a importância do relaxamento para a saúde física e mental, e apresenta diferentes técnicas de relaxamento, como a relaxação muscular progressiva, a meditação e a visualização.

Capítulo 15: Meditación - Explora os benefícios da meditação para a saúde mental, emocional e física, e apresenta diferentes técnicas de meditação, como a Vipassanā, a Samatha-vipassanā e a Transcendental.

Capítulo 16: Comunicación No Violenta - Apresenta o modelo da Comunicação Não Violenta (CNV) como forma de melhorar a comunicação interpessoal, resolver conflitos e construir relações mais saudáveis.

Capítulo 17: Asertividad - Discute a importância da assertividade na comunicação, mostrando como expressar nossas opiniões e necessidades de forma clara, respeitosa e autêntica.

Capítulo 18: Gestionando el Estrés - Aborda o estresse como um desafio da vida moderna, e apresenta estratégias para gerenciar o estresse de forma eficaz, incluindo a identificação de gatilhos, o desenvolvimento de hábitos saudáveis e a organização do tempo.

Capítulo 19: Lidiando con la Ira - Ensina a lidar com a raiva de forma construtiva, identificando seus gatilhos, expressando-a de maneira assertiva e desenvolvendo habilidades de resolução de conflitos.

Capítulo 20: Superando la Tristeza - Oferece estratégias para lidar com a tristeza de forma saudável, incluindo a importância de se permitir sentir a tristeza, cuidar de si mesmo e buscar apoio social.

Capítulo 21: Venciendo el Miedo - Mostra como enfrentar e superar o medo, através de técnicas como a exposição gradual, o questionamento dos pensamentos e o desenvolvimento da autoconfiança.

Capítulo 22: Autocompasión - Apresenta o conceito de autocompaixão, mostrando como podemos cultivar a bondade, a compreensão e a aceitação em relação a nós mesmos.

Capítulo 23: Perdón - Discute a importância do perdão para a cura emocional e o bem-estar mental, tanto em relação aos outros como a si mesmo.

Capítulo 24: Gratitud - Explora os benefícios da gratidão para a saúde mental e física, e como podemos cultivar a gratidão em nosso dia a dia.

Capítulo 25: Pensamiento Positivo - Mostra como cultivar o pensamento positivo pode transformar nossa vida, aumentando a resiliência, melhorando a saúde e atraindo resultados positivos.

Capítulo 26: Gestión Emocional en las Relaciones - Aplica os princípios da gestão emocional às relações interpessoais, ensinando como construir relações mais saudáveis, lidar com conflitos e fortalecer os laços afetivos.

Capítulo 27: Gestión Emocional en la Familia - Aborda a importância da gestão emocional no contexto familiar, mostrando como criar um ambiente de amor, respeito e apoio mútuo entre os membros da família.

Capítulo 28: Gestión Emocional en el Trabajo - Aplica os princípios da gestão emocional ao ambiente de trabalho, mostrando como lidar com o estresse, melhorar a comunicação e construir relações profissionais mais saudáveis.

Capítulo 29: Gestión Emocional en la Educación - Discute a importância da gestão emocional na educação, mostrando como criar um ambiente de aprendizagem mais positivo, acolhedor e motivador para os alunos.

Capítulo 30: Gestión Emocional y Salud Mental - Explora a relação entre a gestão emocional e a saúde mental, mostrando como o desenvolvimento da inteligência emocional pode contribuir para a prevenção de transtornos mentais e para o bem-estar psicológico.

Capítulo 31: Autoestima: Construyendo la Base de la Confianza - Aborda a importância da autoestima como base para a confiança e a auto-realização, e apresenta estratégias para fortalecer a autoestima.

Capítulo 32: Confianza: Desarrollando la Fuerza Interior - Explora o desenvolvimento da confiança como uma força interior que nos permite enfrentar desafios, superar obstáculos e alcançar nossos objetivos.

Capítulo 33: Motivación: Despertando la Fuerza Interior - Discute a importância da motivação para alcançar nossos objetivos, e como podemos despertar e manter a chama da motivação acesa.

Capítulo 34: Creatividad: Despertando el Potencial Imaginativo - Mostra como podemos despertar e desenvolver a criatividade, expandindo nossa capacidade de inovar, solucionar problemas e expressar nossa individualidade.

Capítulo 35: Espiritualidad y Gestión Emocional - Explora a relação entre a espiritualidade e a gestão emocional, mostrando como a conexão com algo maior que nós mesmos pode nos ajudar a encontrar paz interior, propósito e significado na vida.

Capítulo 36: Cuerpo y Mente: La Danza del Bienestar - Aborda a importância da integração entre corpo e mente para o bem-estar geral, mostrando como hábitos saudáveis, como a alimentação consciente e o exercício físico, podem promover o equilíbrio físico e emocional.

Capítulo 37: Alimentación y Emociones: Nutriendo el Cuerpo y la Mente - Explora a relação entre a alimentação e as emoções, mostrando como os alimentos que ingerimos podem afetar nosso humor e bem-estar mental.

Capítulo 38: Ejercicio Físico y Emociones - Mostra como o exercício físico pode impactar positivamente nossas emoções, reduzindo o estresse, aumentando a autoestima e promovendo o bem-estar mental.

Capítulo 39: Sueño y Emociones - Analisa a importância do sono para a saúde emocional e como a qualidade do nosso sono influencia nosso humor, concentração e capacidade de lidar com as emoções.

Capítulo 40: Tecnología y Emociones - Examina a relação complexa entre a tecnologia e as emoções, e como podemos usar a tecnologia de forma equilibrada e consciente para promover o bem-estar emocional.

Capítulo 41: El Arte de la Adaptación - Discute a importância da adaptabilidade para lidar com as mudanças e desafios da vida, e como podemos desenvolver a flexibilidade, a resiliência e o otimismo para navegar pelas incertezas.

Capítulo 42: La Brújula de la Inteligencia Emocional - Mostra como usar a inteligência emocional como uma bússola para tomar decisões mais conscientes, equilibradas e autênticas, integrando razão e emoção.

Capítulo 43: Alineando Emociones con Objetivos - Ensina como alinhar nossas emoções com nossos objetivos, usando as emoções como aliadas na busca por sonhos e aspirações, e como transformar desafios em oportunidades de crescimento.

Capítulo 44: Superando Traumas - Aborda a superação de traumas psicológicos, mostrando como reconhecer, aceitar e lidar com as feridas emocionais do passado, e como transformar o sofrimento em força e resiliência.

Capítulo 45: Lidiando con la Pérdida - Discute o processo de lidar com a perda de pessoas queridas, relações ou sonhos, e como podemos encontrar significado, cura e renovação após uma experiência de luto.

Capítulo 46: Aceptación: Abrazando la Realidad con Serenidad - Explora a importância da aceitação para lidar com as adversidades da vida, mostrando como podemos encontrar paz interior e serenidade ao abraçar a realidade como ela é.

Capítulo 47: Explorando las Profundidades de la Psique - Convida o leitor a uma jornada de autoconhecimento profundo, explorando as camadas ocultas da mente, os padrões de comportamento e as crenças limitantes que nos impedem de alcançar nosso potencial máximo.

Capítulo 48: Inteligencia Social - Apresenta o conceito de inteligência social, mostrando como podemos desenvolver habilidades de comunicação, empatia e cooperação para construir relações mais saudáveis e contribuir para o bem-estar da sociedade.

Capítulo 49: Liderazgo y Gestión Emocional - Discute a importância da gestão emocional para líderes, mostrando como a inteligência emocional, a empatia e a comunicação autêntica podem fortalecer a liderança e inspirar equipes.

Capítulo 50: Gestión Emocional en el Mundo Moderno - Aborda os desafios da vida moderna para a saúde emocional, e como podemos usar a gestão emocional para lidar com o estresse, a sobrecarga de informação e a conectividade constante.

Capítulo 51: Gestión Emocional en la Práctica - Ensina como aplicar a gestão emocional no dia a dia, através de práticas como a atenção plena, a comunicação assertiva, a gestão do estresse e o cultivo de emoções positivas.

Capítulo 52: Creando un Plan de Acción - Guia o leitor na elaboração de um plano de ação personalizado para a gestão emocional, com a definição de metas, autoavaliação, escolha de ferramentas e monitoramento do progresso.

Capítulo 53: Expandiendo su Kit de Gestión Emocional - Apresenta diferentes recursos e ferramentas para complementar o kit de gestão emocional, como livros, aplicativos, cursos, grupos de suporte e práticas integrativas.

Capítulo 54: Manteniendo el Equilibrio - Discute a importância de manter o equilíbrio emocional a longo prazo, através de hábitos saudáveis, como a prática regular de exercícios físicos, a alimentação consciente e o sono reparador.

Capítulo 55: Cosechando los Frutos de la Gestión Emocional - Celebra os benefícios da gestão emocional, como relações mais saudáveis, maior resiliência, bem-estar e propósito de vida, e convida o leitor a continuar cultivando seu jardim interior.

Prólogo

Querido lector,

Permítame presentarle este libro no solo como editor, sino como compañero de viaje. En mis manos, se reveló como un mapa detallado para navegar los mares turbulentos de las emociones, una guía esencial para aquellos que buscan la serenidad en medio del caos del mundo moderno.

Si se siente abrumado por la ansiedad, perdido en un torbellino de sentimientos, o simplemente desea profundizar su conexión consigo mismo, este libro es para usted.

Las páginas que está a punto de desvelar ofrecen un refugio, un espacio de acogida y aprendizaje. Lo conducirán por una jornada transformadora de autoconocimiento, revelando la fuerza y la sabiduría que residen en su interior.

Este libro es un bálsamo para el alma, una invitación a la curación y al crecimiento personal. Lo recomiendo a todos los que desean:

Dominar el arte de la inteligencia emocional: comprender y gestionar sus emociones con maestría.

Cultivar la resiliencia: fortalecerse ante los desafíos y adversidades de la vida.

Construir relaciones más saludables: comunicarse con claridad y empatía, profundizando sus lazos afectivos.

Encontrar la paz interior: calmar la mente, aquietar el corazón y vivir con más serenidad.

Confío en que esta obra lo tocará profundamente, así como me tocó a mí. Que sea su faro en medio de la tempestad, guiándolo hacia una vida más plena y significativa.

Luiz Santos
Editor

Capítulo 1
Introducción

La vida puede ser comprendida como un rico tapiz de experiencias, en el que cada hilo está representado por una emoción esencial para nuestro crecimiento y comprensión de nosotros mismos. Esos hilos se entrelazan en un diseño único, formado por las vivencias que acumulamos a lo largo del tiempo. Alegría, tristeza, amor, miedo y tantas otras emociones no solo influyen en nuestras decisiones, sino que también moldean nuestra visión del mundo y nuestras relaciones. Por eso, dominar esas emociones es más que una habilidad; es un paso fundamental para cultivar el equilibrio y la sabiduría en nuestra jornada. La gestión emocional, en este sentido, no es solo una necesidad, sino una herramienta poderosa para vivir de manera plena y consciente.

Las emociones, cuando son comprendidas y gestionadas adecuadamente, dejan de ser meros reflejos involuntarios y se convierten en aliadas valiosas. Cada una lleva un propósito y un mensaje sobre lo que necesitamos observar o transformar. Así, aprender a interpretarlas y utilizarlas de forma inteligente no significa ignorarlas, sino integrarlas de manera armónica en nuestra rutina. Este proceso nos permite actuar de forma más consciente, incluso ante desafíos o situaciones adversas, y nos capacita para afrontar la vida con resiliencia y confianza.

En el transcurso de este libro, usted será guiado a explorar y desarrollar la capacidad de gestionar sus emociones con mayor claridad y propósito. Esta jornada le proporcionará no solo una comprensión más profunda de sí mismo, sino también herramientas prácticas para mejorar sus relaciones, tomar decisiones más asertivas y vivir con autenticidad. Es una invitación a acceder y despertar su potencial interno, transformando emociones antes vistas como obstáculos en fuerzas que impulsan su crecimiento personal.

Sin embargo, muchas veces nos encontramos a la deriva en este mar emocional, sin el conocimiento o las herramientas necesarias para lidiar con las olas turbulentas que surgen en nuestro camino. Nos sentimos abrumados por la ira, paralizados por el miedo, ahogados por la tristeza o perdidos en un torbellino de ansiedad. Las emociones, que deberían ser brújulas para guiar nuestras vidas, se convierten en tormentas que nos desvían de nuestro curso.

Es en este contexto que la gestión emocional emerge como un faro, iluminando el camino hacia una vida más equilibrada, plena y significativa. La gestión emocional es el arte de comprender, regular y utilizar las emociones de forma inteligente y constructiva. Es la capacidad de reconocer y nombrar las propias emociones, identificar sus detonantes y desarrollar estrategias eficaces para lidiar con ellas de manera saludable.

Dominar el arte de la gestión emocional es como adquirir una brújula interna, que nos permite navegar con más seguridad por los desafíos de la vida. Es aprender a transformar las emociones de enemigas en aliadas, utilizando su energía para impulsar el crecimiento personal, fortalecer las relaciones y alcanzar nuestros objetivos.

La gestión emocional no se trata de suprimir o negar las emociones. Por el contrario, se trata de acogerlas, comprenderlas e integrarlas a nuestra experiencia de vida. Se trata de reconocer que todas las emociones, ya sean agradables o desagradables, tienen un propósito y pueden enseñarnos algo valioso sobre nosotros mismos y el mundo que nos rodea.

Al desarrollar la capacidad de gestionar nuestras emociones, abrimos puertas para una vida más auténtica y satisfactoria. Aumentamos nuestra resiliencia, mejoramos nuestras relaciones, tomamos decisiones más conscientes y cultivamos un mayor bienestar mental y físico.

En este libro, vamos a embarcar en una jornada profunda y transformadora por el universo de la gestión emocional. Exploraremos los fundamentos de la inteligencia emocional, desvelaremos la conexión entre pensamientos, emociones y comportamientos, y aprenderemos técnicas prácticas para lidiar con las emociones desafiantes y cultivar emociones positivas.

Aprenderemos a escuchar el lenguaje de nuestro cuerpo, a identificar los detonantes emocionales y a desarrollar estrategias eficaces para regular nuestras respuestas. Abordaremos la importancia de la autocompasión, del perdón y de la gratitud en la construcción de una vida emocionalmente equilibrada.

Lo invito a unirse a mí en esta jornada de autodescubrimiento y transformación. A lo largo de los capítulos, vamos a desbravar juntos los caminos de la gestión emocional, adquiriendo herramientas y conocimientos que lo empoderarán para crear una vida más plena, auténtica y significativa.

Este libro es una invitación a despertar el maestro interior que reside en usted, aquel que conoce la sabiduría de las emociones y sabe cómo utilizarlas para crear una vida más feliz, equilibrada y realizada. Es una guía para liberarse de las cadenas de las emociones descontroladas y navegar con maestría por las aguas de la vida.

Capítulo 2
Autoconocimiento

El autoconocimiento constituye la base esencial para una vida más consciente y plena, permitiendo comprender profundamente quién eres y cómo funcionas en diferentes contextos. Se configura como una jornada de introspección que va más allá de meras reflexiones superficiales, buscando identificar patrones de pensamiento, emociones predominantes y las creencias que moldean tus elecciones diarias. Este proceso no es solo transformador, sino necesario para fortalecer la conexión contigo mismo y promover el equilibrio entre mente, cuerpo y emociones. Así, al explorar tus rasgos más íntimos, puedes desarrollar un entendimiento claro de las dinámicas internas que influyen en tu forma de vivir e interactuar con el mundo que te rodea.

Tener una mirada atenta para tus reacciones ante los desafíos cotidianos revela mucho sobre tus motivaciones y limitaciones. Esto exige valentía para afrontar la complejidad de tus emociones y reconocer aspectos que no siempre son cómodos de admitir. La aceptación de esta dualidad – virtudes y fallos – es lo que te permitirá crecer, transformando las dificultades en oportunidades de aprendizaje. Cuando adquieres esta comprensión sobre ti mismo, te vuelves capaz de alinear tus acciones con tus valores más genuinos, construyendo un camino de mayor autenticidad y realización.

El autoconocimiento no es un destino fijo, sino un proceso continuo que demanda dedicación y práctica. Cada descubrimiento sobre ti mismo abre nuevas puertas para cambios positivos, fortaleciendo tu capacidad de tomar decisiones con más claridad y propósito. Con una visión clara de quién eres y de lo que realmente importa, las elecciones se vuelven más conscientes, y los resultados, más significativos. Es a través de esta inmersión en tu esencia que encuentras la libertad de vivir con más presencia, equilibrio y plenitud, transformándote a ti mismo y tu impacto en el mundo a tu alrededor.

Así como un navegante necesita conocer las estrellas para orientarse en el mar, necesitas conocerte a ti mismo para navegar con seguridad por las aguas de la vida. El autoconocimiento es la brújula interna que permite trazar rutas, evitar trampas y alcanzar tus objetivos con más claridad y propósito.

La jornada del autoconocimiento es una aventura fascinante, repleta de descubrimientos y desafíos. Es un proceso continuo de aprendizaje y crecimiento, que exige valentía para confrontarte con tus sombras y humildad para reconocer tus virtudes.

Para iniciar esta jornada, es esencial cultivar la autoobservación. Presta atención a tus pensamientos, sentimientos y comportamientos. Observa cómo reaccionas en diferentes situaciones, cuáles son tus detonantes emocionales y cómo tus emociones influyen en tus decisiones.

Investiga tus valores y creencias. ¿Qué es realmente importante para ti? ¿Cuáles son tus principios? ¿Cuáles son las creencias que moldean tu visión del mundo? Comprender tus valores es fundamental para tomar decisiones alineadas con tu esencia y vivir una vida auténtica.

Explora tus motivaciones. ¿Qué te impulsa? ¿Cuáles son tus sueños y aspiraciones? ¿Qué te hace sentir vivo y realizado? Conectar con tus motivaciones es como encender una llama interior, que te impulsará en dirección a tus objetivos.

Reconoce tus puntos fuertes y débiles. Todos tenemos cualidades y habilidades que nos destacan, así como áreas que necesitan ser desarrolladas. Identificar tus puntos fuertes es esencial para usar tus talentos a tu favor. Reconocer tus puntos débiles es el primer paso para superarlos y crecer.

Acepta tus imperfecciones. La jornada del autoconocimiento no se trata de buscar la perfección, sino de acoger tu humanidad en su totalidad. Reconoce que eres un ser en constante evolución, con cualidades y defectos, luces y sombras. Abraza tu autenticidad y libérate de la presión de ser perfecto.

Al conocerte profundamente, estarás construyendo una base sólida para la gestión emocional. Comprenderás mejor tus reacciones, identificarás tus patrones de comportamiento y desarrollarás estrategias más eficaces para lidiar con tus emociones.

Al abrazar el autoconocimiento, comienzas a cultivar una relación más íntima contigo mismo, donde la comprensión y la aceptación sustituyen los juicios severos. Este proceso fortalece tu capacidad de resiliencia y te permite afrontar los desafíos con más serenidad y confianza. Es en la práctica constante de observarte y reflexionar que descubres un poder transformador: el de moldear tu realidad a partir de elecciones más conscientes y alineadas con tu verdadera esencia.

Conforme avanzas en esta jornada, percibirás que el autoconocimiento no solo mejora tu relación contigo mismo, sino que también enriquece tus conexiones con los demás. La claridad sobre tus valores, motivaciones y límites crea una base sólida para interacciones más auténticas y empáticas. Esta autenticidad, a su vez, reverbera en tus acciones y decisiones, consolidando una vida más íntegra y significativa.

La búsqueda del autoconocimiento es, sobre todo, un acto de valentía y amor propio. Es un camino que demanda paciencia y dedicación, pero que ofrece como recompensa una existencia más ligera y armoniosa. Al mirar hacia dentro, encuentras las llaves para vivir de forma más presente, con un propósito más claro y una confianza inquebrantable en el camino que has elegido transitar.

Capítulo 3
Inteligencia Emocional

La inteligencia emocional es la competencia que nos permite comprender, gestionar y utilizar nuestras emociones de manera consciente y constructiva, actuando como un pilar fundamental para el bienestar y el éxito en diversos aspectos de la vida. Es esta habilidad la que transforma las emociones en herramientas de autodesarrollo, permitiéndonos construir relaciones saludables, tomar decisiones acertadas y superar desafíos con resiliencia y confianza. Con ella, nos tornamos aptos para identificar los matices de nuestros sentimientos y para interpretar las emociones ajenas, creando un terreno fértil para la empatía y la cooperación.

A lo largo de la vida, la inteligencia emocional se revela como un elemento esencial en la jornada de crecimiento personal, equiparándose a las habilidades técnicas y al conocimiento intelectual. Se presenta no solo como un guía para nuestras interacciones diarias, sino también como una lente a través de la cual podemos observar nuestras motivaciones y responder a los estímulos externos de manera equilibrada y consciente. Dominar esta competencia significa estar preparado para lidiar con situaciones adversas, reaccionar con serenidad en momentos de crisis y transformar conflictos en oportunidades de aprendizaje y reconciliación.

Además, la práctica continua del autoconocimiento y de la gestión emocional nos permite cultivar un sentido de propósito y dirección en nuestras vidas. La inteligencia emocional no es solo un concepto abstracto o una idea teórica, sino una habilidad práctica que nos capacita para navegar con sabiduría por los desafíos y recompensas de las relaciones humanas. Al desarrollarla, ampliamos nuestra capacidad de conectar con los otros, de alinear nuestros objetivos personales con los valores colectivos y de crear un impacto positivo y duradero en nuestro entorno.

Imagine la inteligencia emocional como una orquesta, compuesta por diferentes instrumentos que, cuando son tocados en armonía, producen una melodía inspiradora. Cada instrumento representa una habilidad esencial de la inteligencia emocional, y el director de orquesta es nuestra consciencia, conduciendo cada elemento para crear una sinfonía de bienestar.

Los pilares de la inteligencia emocional:

Autoconocimiento: Es el cimiento de la inteligencia emocional. Así como un constructor necesita conocer el terreno antes de construir una casa, necesitamos conocer nuestras emociones, detonantes y patrones de comportamiento para construir una vida emocionalmente sólida.

Autocontrol: Es la capacidad de regular las propias emociones, evitando que nos dominen. Es como un timonel que guía el barco en medio de la tempestad, manteniendo el control incluso en situaciones desafiantes.

Automotivación: Es la fuerza interior que nos impulsa hacia nuestros objetivos, incluso frente a obstáculos. Es como un motor que nos mueve, alimentando nuestra persistencia y entusiasmo.

Empatía: Es la capacidad de ponerse en el lugar del otro, comprendiendo sus emociones y perspectivas. Es como un puente que conecta corazones, permitiéndonos construir relaciones más profundas y significativas.

Habilidades sociales: Son las herramientas que nos permiten interactuar con los otros de forma eficaz, construyendo relaciones saludables y resolviendo conflictos de forma constructiva. Es como un conjunto de herramientas que nos permite construir puentes, cultivar amistades y fortalecer lazos.

Desarrollar la inteligencia emocional es como aprender un nuevo idioma, el idioma de las emociones. Es aprender a descifrar las señales que nuestro cuerpo y mente nos envían, a interpretar los matices de las expresiones faciales y a comprender las entre líneas de la comunicación humana.

La inteligencia emocional no es un don innato, sino una habilidad que puede ser aprendida y desarrollada a lo largo de la vida. Es como un músculo que se fortalece con el ejercicio y la práctica constante.

Al cultivar la inteligencia emocional, abrimos un abanico de oportunidades para una vida más plena y satisfactoria. Mejoramos nuestras relaciones, aumentamos nuestra capacidad de lidiar con el estrés, tomamos decisiones más conscientes y alcanzamos nuestros objetivos con mayor facilidad.

Al incorporar la inteligencia emocional en nuestra vida cotidiana, pasamos a experimentar una transformación significativa en las relaciones interpersonales y en nuestra conexión con nosotros mismos. Esta habilidad nos permite ver más allá de las reacciones inmediatas, interpretando las emociones como mensajes valiosos que guían nuestras elecciones y comportamientos. Es a través de este entendimiento profundo que nos tornamos más aptos para crear vínculos genuinos y fortalecer la confianza mutua.

La práctica de la inteligencia emocional también nos enseña a encontrar equilibrio en medio de los desafíos inevitables de la vida. Reconocer y acoger nuestras emociones, sin ser dominados por ellas, transforma situaciones adversas en experiencias de aprendizaje. Así, cada dificultad enfrentada se convierte en una oportunidad de refinar nuestras habilidades y acercarnos a una versión más íntegra y resiliente de quienes somos.

Más que una habilidad individual, la inteligencia emocional es una invitación a la construcción de un mundo más compasivo y colaborativo. Al desarrollar nuestra capacidad de comprender y respetar las emociones ajenas, contribuimos a un ambiente más armonioso y acogedor. Es en esta práctica diaria de empatía, autoconciencia y conexión que encontramos la clave para una vida más significativa y realizada.

Capítulo 4
Fisiología de las Emociones

Las emociones trascienden el mero dominio de la mente, siendo intrínsecamente ligadas al funcionamiento físico del cuerpo. Cada sensación de alegría, tristeza, raiva o miedo desencadena respuestas fisiológicas mensurables, impactando ritmos cardíacos, patrones respiratorios, tensiones musculares e incluso procesos químicos en el cerebro. Este fenómeno no es solo un reflejo automático, sino una interacción íntima entre el cuerpo y la mente, donde cada sistema corporal contribuye a la experiencia emocional vivida. Al comprender esta conexión, abrimos camino para una gestión más eficaz de las emociones y de sus impactos en nuestra salud y comportamiento.

El cuerpo humano opera como un intrincado sistema de señales, manifestando emociones a través de respuestas fisiológicas específicas. Cuando se enfrenta a una amenaza, por ejemplo, el corazón acelera y la respiración se vuelve jadeante, mientras el cuerpo prepara una reacción instintiva de defensa o huida. La raiva, por otro lado, genera tensión muscular intensa y un aumento perceptible en la energía corporal, lista para ser liberada. Incluso estados emocionales más sutiles, como la melancolía o la calma, dejan su marca en patrones fisiológicos, revelando una coreografía corporal única que refleja las emociones en tiempo real.

Central para este proceso es el sistema nervioso autónomo, que regula funciones involuntarias esenciales y desempeña un papel primordial en la respuesta emocional. Este sistema, compuesto por las ramas simpática y parasimpática, es como un director de orquesta gestionando la dinámica entre excitación y relajación. Mientras el simpático impulsa el cuerpo en situaciones de estrés, promoviendo la prontitud y el vigor, el parasimpático asume el control en los momentos de tranquilidad, restaurando el equilibrio y facilitando la recuperación física y emocional. Juntos, estos sistemas crean un escenario complejo en el que cada emoción posee una "firma" fisiológica distinta, reflejando la interacción armoniosa o desafiante entre cuerpo y mente.

Comprender la fisiología de las emociones nos permite acceder a herramientas poderosas para regular estados emocionales de manera consciente. Técnicas como el control de la respiración, ejercicios de relajación muscular y prácticas meditativas no solo calman el sistema nervioso, sino que también crean un espacio interno para la autorreflexión y la resiliencia emocional. Al volvernos más atentos al lenguaje del cuerpo, descubrimos caminos más claros para enfrentar los desafíos emocionales, promoviendo la salud, el equilibrio y el bienestar.

Imagine el cuerpo como un sistema de comunicación interno, utilizando señales fisiológicas para expresar y regular las emociones. El corazón acelera ante una amenaza, la respiración se vuelve superficial en momentos de ansiedad, los músculos se tensan en respuesta a la raiva. Estas señales, muchas veces sutiles, son como susurros del cuerpo, revelando el lenguaje secreto de las emociones.

El sistema nervioso autónomo, responsable de regular las funciones involuntarias del cuerpo, desempeña un papel central en la orquestación de las respuestas fisiológicas a las emociones. Se divide en dos ramas principales: el sistema nervioso simpático y el sistema nervioso parasimpático.

El sistema nervioso simpático es como un acelerador, preparando el cuerpo para la acción en situaciones de estrés o peligro. Aumenta el ritmo cardíaco, la presión arterial y la frecuencia respiratoria, liberando adrenalina y otras hormonas que nos preparan para luchar o huir.

El sistema nervioso parasimpático, a su vez, actúa como un freno, promoviendo la relajación y la recuperación del cuerpo. Disminuye el ritmo cardíaco, la presión arterial y la frecuencia respiratoria, estimulando la digestión y el reposo.

Las emociones, por lo tanto, no son solo eventos mentales, sino también procesos fisiológicos complejos que involucran la interacción entre el cerebro, el sistema nervioso y los órganos del cuerpo. Cada emoción posee una firma fisiológica única, un conjunto de respuestas corporales que la caracterizan.

La raiva, por ejemplo, aumenta la frecuencia cardíaca, la presión arterial y la tensión muscular, preparando el cuerpo para la acción. El miedo, por otro lado, puede causar palpitaciones, sudoración, temblores y dificultad para respirar, activando el sistema de "lucha o huida".

La tristeza, a su vez, tiende a disminuir el ritmo cardíaco y la energía del cuerpo, llevando a la fatiga y la apatía. La alegría, en contraste, aumenta la liberación de endorfinas, hormonas que promueven la sensación de placer y bienestar.

Comprender la fisiología de las emociones nos permite interpretar las señales de nuestro cuerpo e intervenir de forma más eficaz en la regulación emocional. Podemos utilizar técnicas de respiración, relajación y meditación para calmar el sistema nervioso, reducir el estrés y promover el equilibrio emocional.

Al profundizar nuestro entendimiento sobre la fisiología de las emociones, reconocemos el cuerpo como un aliado indispensable en la búsqueda por el equilibrio emocional. Este diálogo interno, traducido en señales físicas, nos ofrece pistas valiosas para interpretar y manejar nuestras respuestas ante las situaciones cotidianas. La consciencia de estos procesos nos capacita para intervenir de forma más asertiva, promoviendo una relación armoniosa entre mente y cuerpo.

Practicar la escucha atenta del cuerpo es un ejercicio de conexión con nuestras necesidades emocionales más profundas. Cada latido acelerado del corazón, cada respiración acortada o tensión muscular es una oportunidad para pausar y comprender lo que nuestro organismo está tratando de comunicar. Esta percepción abre puertas para la adopción de estrategias que favorecen la autorregulación, contribuyendo para una vida emocionalmente más estable y saludable.

Al final, comprender la fisiología de las emociones es abrazar la complejidad del ser humano en su totalidad. Es reconocer que las emociones no existen solo en nuestra mente, sino que son vividas en cada célula de nuestro cuerpo. Este entendimiento nos inspira a cultivar prácticas que promuevan el bienestar integral, uniendo ciencia y consciencia en una jornada de autodescubrimiento y equilibrio.

Capítulo 5
Pensamientos y Emociones

El funcionamiento de la mente humana revela un intrincado equilibrio entre pensamientos y emociones, una relación que moldea profundamente nuestras experiencias y comportamientos. Los pensamientos, como arquitectos invisibles, construyen las bases de la percepción y determinan el significado que atribuimos a los eventos a nuestro alrededor. A su vez, las emociones actúan como fuerzas motrices, imbuyendo esos pensamientos de intensidad y significado, transformándolos en respuestas palpables al ambiente y a las circunstancias que enfrentamos. Esta interacción continua entre lo que pensamos y lo que sentimos no es solo inevitable, sino también fundamental para comprender e influenciar el rumbo de nuestra vida interior.

Entender cómo los pensamientos se originan e impactan las emociones es esencial para lidiar con los desafíos de la mente. Cada pensamiento que ocurre en nuestra mente lleva consigo la posibilidad de generar sentimientos correspondientes, capaces de moldear nuestro estado de ánimo y nuestra actitud frente a la vida. Al reconocer que esos pensamientos son interpretaciones —y no verdades absolutas—, se vuelve posible asumir un papel más activo en la dirección de nuestra energía mental, eligiendo intencionalmente aquellos pensamientos que favorecen nuestro crecimiento y bienestar emocional.

Así, la consciencia de este intrincado mecanismo permite el cultivo de una mente más resiliente y equilibrada. Desarrollar habilidades para observar nuestros pensamientos sin apegarnos a ellos o reaccionar automáticamente a las emociones que despiertan es un paso transformador. Con esta práctica, somos capaces de reprogramar patrones mentales, interrumpir ciclos perjudiciales y promover una vida emocional más alineada con nuestros objetivos y valores. Esto nos ofrece la oportunidad no solo de comprender mejor el funcionamiento de la mente, sino también de utilizarlo como herramienta poderosa para crear una realidad más satisfactoria y armoniosa.

Comprender la interacción entre pensamientos y emociones es esencial para desvelar los secretos de la mente humana y dominar el arte de la gestión emocional. Es como tener un mapa que nos guía por los paisajes complejos de nuestro mundo interior, permitiéndonos navegar con más claridad y consciencia por las diferentes nuances de la experiencia humana.

Los pensamientos son como semillas que plantamos en nuestro jardín mental. Cada pensamiento, sea positivo o negativo, tiene el poder de generar frutos en nuestras emociones y comportamientos. Pensamientos positivos, como semillas de flores, cultivan emociones agradables, como alegría, gratitud y esperanza. Pensamientos negativos, como hierbas dañinas, generan emociones desagradables, como tristeza, raiva y miedo.

Es importante reconocer que los pensamientos no son hechos, sino interpretaciones de la realidad. Nuestra mente, como un filtro, procesa las informaciones del mundo exterior y las moldea de acuerdo con nuestras creencias, valores y experiencias pasadas. Dos personas pueden observar el mismo evento y tener interpretaciones completamente diferentes, generando emociones y comportamientos distintos.

Las emociones, a su vez, influencian la manera como pensamos. Cuando estamos alegres, tendemos a tener pensamientos más positivos y optimistas. Cuando estamos tristes o ansiosos, nuestros pensamientos se vuelven más negativos y pesimistas. Es como si las emociones fueran lentes que colorean nuestra percepción del mundo, influenciando la forma como interpretamos los acontecimientos.

Esta interacción entre pensamientos y emociones crea un ciclo dinámico. Pensamientos generan emociones, que a su vez influencian nuevos pensamientos, y así sucesivamente. Este ciclo puede ser virtuoso, cuando cultivamos pensamientos positivos que generan emociones agradables, o vicioso, cuando nos dejamos llevar por pensamientos negativos que alimentan emociones desagradables.

La buena noticia es que podemos aprender a interrumpir este ciclo y reprogramar nuestra mente para cultivar pensamientos más positivos y constructivos. A través de la autoobservación, podemos identificar los patrones de pensamientos negativos que nos sabotean y sustituirlos por pensamientos más realistas y empoderadores.

La práctica constante de observar y redirigir los propios pensamientos nos permite establecer un nuevo patrón mental, donde la claridad y la positividad se vuelven aliados naturales. Este proceso requiere paciencia y dedicación, pero los frutos cosechados —una mente más serena y equilibrada— justifican el esfuerzo. Así, cada elección consciente de nutrir pensamientos constructivos se transforma en un paso para una vida emocional más saludable y plena.

Al desarrollar esta habilidad, nos volvemos agentes activos en la creación de nuestras realidades internas, rompiendo con ciclos automáticos que perpetúan el sufrimiento y el estancamiento. Este dominio sobre los pensamientos y las emociones no solo promueve el bienestar individual, sino que también se refleja en nuestras interacciones y en el impacto que causamos en el mundo a nuestro alrededor.

Por último, entender y armonizar la danza entre pensamientos y emociones es más que una práctica; es una invitación a vivir con propósito, autenticidad y ligereza. Esta jornada, aunque desafiante, nos revela la fuerza transformadora que reside dentro de cada uno de nosotros, lista para ser cultivada y manifestada en todos los aspectos de la vida.

Capítulo 6
El Lenguaje de las Emociones

Las emociones son expresiones universales y profundas que revelan el estado interno del ser humano, trascendiendo barreras culturales y lingüísticas. Constituyen un sistema sofisticado de comunicación que utiliza señales físicas, comportamentales y expresivas para transmitir mensajes cruciales sobre nuestra condición emocional y nuestras interacciones con el mundo que nos rodea. Descifrar este lenguaje no es solo una habilidad valiosa, sino una necesidad fundamental para quien busca el equilibrio emocional y la comprensión de sí mismo.

Cada emoción es como una pieza única en un rompecabezas emocional, llevando consigo un conjunto distintivo de señales y funciones. Ira, miedo, tristeza, alegría y amor son ejemplos de estados emocionales que poseen patrones específicos de expresión e impacto. Por ejemplo, la ira frecuentemente refleja una percepción de injusticia o violación de límites, mientras que el miedo señala posibles amenazas y la necesidad de autopreservación. Comprender estos matices es como aprender el vocabulario de un idioma esencial para la autorregulación emocional.

Al sumergirnos en el estudio de las emociones, desarrollamos una especie de "diccionario interno" capaz de traducir e interpretar lo que nuestro cuerpo y mente intentan comunicar. Esta capacidad no solo fortalece la relación con nosotros mismos, sino que también mejora significativamente nuestra comunicación con los demás, permitiéndonos responder de forma equilibrada y consciente a las demandas emocionales de la vida cotidiana.

Así como un lingüista se dedica a estudiar los matices de un idioma extranjero, debemos dedicarnos a comprender las sutilezas del lenguaje emocional. Cada emoción posee un vocabulario propio, expresándose a través de un conjunto único de señales y síntomas.

La ira, por ejemplo, se manifiesta con una opresión en el pecho, un aumento de la temperatura corporal, una expresión facial tensa y una voz alterada. El miedo se traduce en palpitaciones, sudoración, temblores y una necesidad de escape. La tristeza se expresa a través de un nudo en la garganta, lágrimas, expresión facial abatida y una sensación de vacío.

La alegría, a su vez, se manifiesta con una sonrisa radiante, ojos brillantes, una sensación de ligereza y una energía vibrante. El amor se traduce en un calor en el pecho, una mirada afectuosa, un deseo de proximidad y una sensación de conexión profunda.

Cada emoción, como una palabra en un diccionario, posee un significado propio, una función específica y un conjunto de mensajes que nos transmite. La ira, por ejemplo, señala la violación de límites o la frustración de necesidades. El miedo nos alerta sobre peligros y nos impulsa a buscar seguridad. La tristeza nos invita a procesar pérdidas y a conectar con nuestra vulnerabilidad.

La alegría nos indica que estamos en el camino correcto, que estamos viviendo experiencias placenteras y significativas. El amor nos conecta con lo que es más importante en nuestras vidas, nos impulsa a cuidar y proteger a aquellos que amamos.

Comprender el lenguaje de las emociones es como tener un traductor interno, que nos permite descifrar los mensajes que nuestro cuerpo y mente nos envían. Es aprender a identificar los matices de cada emoción, a reconocer sus señales y a interpretar sus significados.

Esta habilidad nos permite responder a las emociones de forma más consciente y constructiva. Podemos identificar los detonantes que desencadenan emociones desagradables, comprender las necesidades que están detrás de ellas y desarrollar estrategias eficaces para lidiar con ellas.

Profundizar en el lenguaje de las emociones es un ejercicio de autoconocimiento que abre puertas para una vida emocional más rica y equilibrada. Cuando nos volvemos fluidos en este idioma interno, somos capaces de transformar reacciones automáticas en respuestas conscientes, fortaleciendo tanto nuestra resiliencia como la calidad de nuestras relaciones.

Este aprendizaje nos enseña a acoger cada emoción como una aliada, en vez de un adversario, y a escuchar sus mensajes con atención y respeto. Así, la ira puede convertirse en una invitación para establecer límites saludables, el miedo puede alertarnos para actuar con cautela, y la alegría nos inspira a perseguir aquello que nos trae sentido y realización.

Dominar el lenguaje emocional es más que un camino para el equilibrio; es un arte que nos conecta profundamente con lo que significa ser humano. Es en esta comprensión que encontramos el poder de navegar con más claridad por los desafíos de la vida, cultivando una existencia alineada con nuestros valores y repleta de autenticidad.

Capítulo 7
Influencias Externas

Las emociones son moldeadas por una red intrincada de factores externos que interactúan directamente con nuestros sentidos y percepciones. El ambiente en que vivimos, las relaciones interpersonales que cultivamos y los valores culturales que abrazamos desempeñan papeles cruciales en la construcción de nuestro estado emocional. Esta interacción continua revela cómo nuestras respuestas emocionales están profundamente conectadas al mundo a nuestro alrededor, posibilitando una comprensión más clara de las fuerzas que impactan nuestro bienestar.

El ambiente físico, con sus características visibles y sutiles, es uno de los primeros influenciadores en impactar nuestras emociones. Lugares organizados, bien iluminados y con colores armoniosos tienen el potencial de inducir una sensación de tranquilidad y equilibrio emocional. Por otro lado, locales desordenados o sobrecargados por ruidos pueden intensificar el estrés y perjudicar nuestra capacidad de concentración. La manera como percibimos estos matices del ambiente se refleja directamente en nuestros niveles de confort y estabilidad emocional.

Además, la calidad de las conexiones humanas que mantenemos es fundamental para equilibrar nuestras emociones. Relaciones saludables, que promueven apoyo mutuo e intercambios genuinos, fortalecen nuestra resiliencia y elevan nuestra autoestima. En contrapartida, vínculos cargados de tensión y negatividad afectan nuestra capacidad de lidiar con desafíos y pueden amplificar sentimientos de inseguridad o tristeza. Reconocer y priorizar interacciones que generen bienestar es esencial para mantener una perspectiva emocional saludable y proactiva.

Los patrones culturales y sociales forman un telón de fondo poderoso para la manera como interpretamos y expresamos emociones. Los valores culturales establecen normas que guían nuestra interacción con el mundo, creando contextos en los que ciertas emociones son más aceptadas o reprimidas. Esta dinámica cultural moldea no solo cómo reaccionamos internamente, sino también cómo nos conectamos con los demás, permitiendo un entendimiento más profundo de la diversidad emocional que permea la experiencia humana.

El ambiente físico en que nos encontramos ejerce un impacto significativo en nuestras emociones. Un ambiente tranquilo y armonioso, con colores suaves, sonidos relajantes y aromas agradables, tiende a promover sensaciones de calma y bienestar. Por otro lado, un ambiente caótico, ruidoso y contaminado puede generar estrés, ansiedad e irritabilidad.

Los colores, por ejemplo, poseen un lenguaje propio, capaz de evocar diferentes emociones. Tonos de azul y verde transmiten serenidad y tranquilidad, mientras que tonos de rojo y naranja evocan energía y entusiasmo. La iluminación también desempeña un papel importante: la luz natural promueve el bienestar y la vitalidad, mientras que la luz artificial puede causar fatiga e irritabilidad.

Los sonidos también influyen en nuestro estado emocional. La música suave y armoniosa calma la mente y reduce el estrés, mientras que el ruido excesivo puede causar irritación y ansiedad. Los aromas también ejercen un poder sobre nuestras emociones: el olor a lavanda promueve la relajación, mientras que el olor a limón estimula la concentración y el foco.

Las relaciones interpersonales son otro factor crucial en la formación de nuestras emociones. Las personas con quienes convivimos, sean familiares, amigos, colegas de trabajo o parejas, ejercen una influencia poderosa en nuestro estado emocional. Relaciones saludables, basadas en respeto, afecto y reciprocidad, promueven la felicidad, la confianza y el bienestar.

Por otro lado, relaciones tóxicas, marcadas por conflictos, manipulación y falta de respeto, pueden generar ansiedad, tristeza, ira e inseguridad. Es fundamental cultivar relaciones positivas y nutritivas, que nos apoyen en nuestros desafíos y celebren nuestras conquistas.

La cultura en que estamos insertos también moldea nuestras emociones. Cada cultura posee normas, valores y creencias que influyen en la forma como expresamos e interpretamos las emociones. Algunas culturas valorizan la expresión abierta de las emociones, mientras que otras incentivan la contención y el control emocional.

La cultura también influye en la forma como percibimos e interpretamos las emociones de los demás. En algunas culturas, el contacto visual directo es interpretado como una señal de confianza y respeto, mientras que en otras puede ser visto como una señal de agresividad o desafío.

Reconocer las influencias externas sobre nuestras emociones nos capacita a asumir un papel más activo en la búsqueda del equilibrio emocional. Al ajustar conscientemente nuestro ambiente físico, seleccionando colores, sonidos y elementos que promuevan bienestar, creamos espacios que sustentan nuestra tranquilidad y energía positiva. Esta atención al contexto a nuestro alrededor es un acto de autocuidado y autoconocimiento.

En las relaciones interpersonales, elegir con intención los vínculos que alimentamos es esencial para nuestra salud emocional. Rodearse de personas que ofrecen apoyo genuino y reciprocidad fortalece nuestra resiliencia frente a los desafíos. De la misma forma, aprender a establecer límites saludables en situaciones de tensión nos protege de influencias perjudiciales y preserva nuestro equilibrio interno.

Al entender la profundidad de las influencias culturales, adquirimos una perspectiva más amplia sobre la diversidad emocional humana. Esta comprensión nos invita a ser más compasivos, tanto con nosotros mismos como con los demás, reconociendo que cada expresión emocional está moldeada por un vasto escenario de contextos y experiencias únicas. Así, la conexión entre nuestras emociones y el mundo externo se convierte en un camino para vivir de forma más consciente y armoniosa.

Capítulo 8
Emociones Positivas

Las emociones positivas desempeñan un papel esencial en la construcción de una vida equilibrada y satisfactoria, influenciando directamente nuestro bienestar físico, mental y emocional. No solo traen momentos de alegría y alegría, sino que también fortalecen nuestra capacidad de afrontar desafíos con optimismo y determinación. Al vivenciar emociones como amor, gratitud, esperanza y alegría, estamos desarrollando recursos internos que promueven la resiliencia y nos capacitan para crear conexiones más profundas con el mundo que nos rodea. Estas emociones son más que meros sentimientos; son herramientas poderosas que moldean nuestra percepción de la realidad y nuestra capacidad de florecer en medio de las adversidades.

La importancia de cultivar emociones positivas reside en el impacto directo que tienen sobre nuestra salud emocional y calidad de vida. Cuando priorizamos prácticas que promueven sentimientos de felicidad y gratitud, estamos fortaleciendo nuestros circuitos cerebrales asociados al optimismo y la satisfacción. Además, las emociones positivas amplían nuestra visión del mundo, ayudándonos a ver oportunidades donde antes solo veíamos dificultades. Esta ampliación no es solo teórica; se refleja en acciones concretas, como la disposición para aprender nuevas habilidades, construir relaciones sólidas y contribuir a la comunidad. Es a través de este ciclo virtuoso que las emociones positivas crean un efecto duradero en nuestra jornada de crecimiento personal.

Para integrar emociones positivas en nuestro día a día, es fundamental reconocerlas como elementos esenciales de nuestra existencia, y no como meros momentos efímeros. Prácticas simples, como la reflexión diaria sobre momentos de gratitud, la búsqueda de conexiones auténticas y el compromiso en actividades que nos traigan alegría genuina, se vuelven esenciales. El amor, por ejemplo, puede ser nutrido al dedicar tiempo de calidad a las personas que nos son queridas, mientras que la esperanza puede ser fortalecida al trazarnos metas realistas y celebrar cada conquista, por pequeña que sea. Así, el cultivo continuo de estas emociones nos prepara no solo para disfrutar los momentos buenos, sino también para afrontar los desafíos con una fuerza renovada y una perspectiva positiva.

La alegría es como una melodía contagiosa que nos invita a bailar por la vida con ligereza y entusiasmo. Emana de experiencias placenteras, como un encuentro con amigos queridos, la realización de un sueño o la contemplación de la belleza de la naturaleza. La alegría nos energiza, amplía nuestra perspectiva y nos abre a nuevas posibilidades.

El amor es la fuerza más poderosa del universo, un lazo invisible que conecta corazones y nos impulsa a cuidar, proteger y nutrir a aquellos que amamos. El amor se manifiesta en diferentes formas: el amor romántico, el amor familiar, el amor por los amigos, el amor por los animales e incluso el amor por la humanidad. Nos inspira a ser mejores, a perdonar, a dar y a construir un mundo más compasivo.

La gratitud es como un bálsamo que cura el alma, calmando las heridas del pasado y abriendo espacio para la apreciación del presente. Es la capacidad de reconocer y valorar las bendiciones de la vida, desde las pequeñas alegrías del día a día hasta las grandes conquistas. La gratitud nos conecta con la abundancia del universo y nos llena de esperanza.

La esperanza es la llama que nos guía en los momentos de oscuridad, la brújula que nos orienta hacia un futuro mejor. Es la creencia de que, incluso ante desafíos y adversidades, existe una luz al final del túnel. La esperanza nos fortalece, nos impulsa a seguir adelante y nos inspira a construir un futuro más prometedor.

Cultivar emociones positivas es como alimentar nuestra alma con nutrientes esenciales para su crecimiento y desarrollo. Es como crear un escudo protector contra las adversidades de la vida, fortaleciendo nuestra resiliencia y impulsándonos hacia la felicidad y el bienestar.

Las emociones positivas son como semillas que, cuando se cuidan con atención, florecen en nuestro jardín interno, trayendo belleza y equilibrio a nuestro día a día. Cada acto de cultivar amor, gratitud, esperanza o alegría es una inversión en una vida más rica y significativa, capaz de resistir a los vientos de las dificultades. Esta práctica nos invita a vivir con intencionalidad y conexión genuina con lo que realmente importa.

Al incorporar estas emociones en nuestra rutina, creamos una base sólida para la construcción de relaciones más armoniosas, proyectos más inspiradores y una visión más amplia y acogedora de la vida. Este cambio no es solo interno; irradia hacia aquellos que nos rodean, generando un ciclo de positividad que transforma no solo nuestras experiencias, sino también el ambiente que compartimos con los demás.

Por último, al reconocer el poder transformador de las emociones positivas, abrazamos la oportunidad de convertirnos en arquitectos de nuestro propio bienestar. Es en este movimiento, simple y profundo, que descubrimos la capacidad de vivir con plenitud, navegando por la vida con valentía, ligereza y un corazón abierto a las infinitas posibilidades que ofrece.

Capítulo 9
Emociones Negativas

Las emociones negativas son componentes fundamentales de la experiencia humana y desempeñan un papel crucial en nuestro desarrollo emocional y mental. En vez de tratarlas como fuerzas perturbadoras que deben ser evitadas a cualquier costo, es esencial reconocerlas como indicadores legítimos de nuestras necesidades, límites y valores más profundos. No son meras adversidades que cruzan nuestro camino, sino mensajes que, cuando son comprendidos y administrados, pueden guiarnos hacia el autoconocimiento y la transformación personal.

Rabia, tristeza, miedo y frustración son manifestaciones naturales que nos ayudan a interpretar y reaccionar al mundo que nos rodea. La rabia, por ejemplo, surge como respuesta directa a situaciones de injusticia o desrespeto, ofreciendo una energía intensa que, cuando se canaliza adecuadamente, puede transformarse en fuerza motriz para cambios significativos. Del mismo modo, la tristeza no debe ser vista solo como un peso emocional, sino como una oportunidad de introspección, una invitación a procesar experiencias dolorosas y encontrar significado en medio de las adversidades.

El miedo, con frecuencia mal comprendido, es una herramienta poderosa de supervivencia que nos alerta sobre posibles peligros y nos prepara para actuar de forma más consciente y cuidadosa. Cuando está equilibrado, no nos paraliza, sino que nos enseña a enfrentar desafíos con discernimiento. La frustración, a su vez, nos llama a repensar estrategias y a cultivar resiliencia ante los obstáculos, funcionando como un catalizador para la superación y el aprendizaje.

Las emociones negativas desempeñan un papel imprescindible en nuestra jornada de crecimiento. Enfrentarlas con acogida y curiosidad nos permite no solo lidiar mejor con los desafíos, sino también desarrollar un repertorio emocional más rico y adaptable. A través de este enfoque, aprendemos a transformar dificultades en oportunidades, construyendo una base sólida para el equilibrio y la realización personal.

La rabia es como un fuego que arde en nuestro interior, una energía intensa que nos impulsa a actuar ante injusticias, violaciones de límites o frustraciones. Puede manifestarse como una explosión volcánica, con gritos y agresividad, o como una ebullición silenciosa, con resentimiento y amargura. La rabia, cuando se expresa de forma saludable, puede ser una fuerza motivadora para el cambio y la búsqueda de justicia.

La tristeza es como una lluvia que lava el alma, una inmersión profunda en nuestras emociones más vulnerables. Surge ante pérdidas, decepciones y frustraciones, trayendo consigo una sensación de vacío y melancolía. La tristeza nos invita a entrar en contacto con nuestro dolor, a procesar nuestras emociones y a encontrar significado en las experiencias difíciles.

El miedo es una alarma interna que nos alerta sobre peligros y amenazas, impulsándonos a buscar seguridad y protección. Puede manifestarse como una ansiedad paralizante, que nos impide actuar, o como una adrenalina movilizadora, que nos prepara para enfrentar los desafíos. El miedo, cuando está equilibrado, nos ayuda a sobrevivir y a tomar decisiones más conscientes.

La frustración es como un obstáculo que bloquea nuestro camino, un sentimiento de impotencia ante objetivos no alcanzados. Surge cuando nuestros planes son frustrados, nuestras expectativas no se cumplen o nuestros deseos son bloqueados. La frustración, cuando se gestiona bien, puede impulsarnos a buscar nuevas estrategias, a desarrollar nuestra persistencia y a fortalecer nuestra resiliencia.

Es importante reconocer que las emociones negativas, así como las positivas, tienen un propósito en nuestras vidas. Nos proporcionan información valiosa sobre nuestras necesidades, nuestros límites y nuestros valores. En lugar de intentar suprimirlas o ignorarlas, debemos acogerlas, comprenderlas y utilizarlas como herramientas para el autoconocimiento y el crecimiento personal.

Aceptar y comprender las emociones negativas nos permite transformarlas en aliados en vez de adversarios. Cuando aprendemos a escucharlas con atención y a reaccionar de manera equilibrada, descubrimos que nos ofrecen pistas valiosas sobre aspectos de nuestra vida que necesitan atención o ajuste. Este proceso de acogida es un paso esencial para el crecimiento emocional y la construcción de una relación más saludable con nosotros mismos.

Al integrar estas emociones a nuestra narrativa personal, reconocemos su contribución en la formación de nuestro carácter y resiliencia. La rabia puede enseñarnos sobre límites, la tristeza nos conecta con la profundidad de nuestras experiencias, el miedo nos guía hacia la cautela y la frustración nos incentiva a innovar y persistir. En cada una de ellas, hay una oportunidad única de aprendizaje y transformación.

El equilibrio entre aceptar las emociones negativas y cultivar las positivas es lo que nos conduce a una vida más auténtica y plena. Esta jornada de autoconocimiento nos prepara para navegar las mareas emocionales con valentía y sabiduría, transformando dificultades en fuerza e incertidumbres en claridad. Así, cada emoción, por más desafiante que sea, se convierte en una parte esencial de la historia de quiénes somos y de quiénes podemos llegar a ser.

Capítulo 10
Resiliencia Emocional

La resiliencia emocional es una habilidad esencial para navegar por los altibajos de la vida, sustentada por una capacidad interna de superar desafíos, lidiar con adversidades y encontrar aprendizaje en cada experiencia difícil. Se trata de una característica que permite no solo resistir a las tormentas, sino también crecer a través de ellas, transformando momentos de dolor e incertidumbre en oportunidades de evolución. Este proceso involucra una combinación de autoconocimiento, flexibilidad y un sentido de propósito, que funcionan como los cimientos de una fortaleza interna, diseñada para enfrentar los impactos inevitables del día a día con equilibrio y determinación.

En esencia, la resiliencia emocional es el arte de permanecer firme ante las adversidades, sin negar la vulnerabilidad que forma parte de la experiencia humana. Se trata de reconocer las emociones que surgen en tiempos difíciles, pero usarlas como combustible para construir nuevas perspectivas y soluciones creativas. Esta fuerza interior no es algo innato, sino una habilidad desarrollada con práctica, autocompasión y un compromiso continuo en cultivar pensamientos positivos, fortalecer conexiones sociales e invertir en estrategias que promuevan el bienestar.

Con la resiliencia, cada dificultad se transforma en una oportunidad para refinar nuestras capacidades emocionales y nos preparar para los desafíos futuros. Es un proceso que nos invita a crecer a partir de nuestras experiencias, reconstruyendo continuamente nuestro entendimiento sobre nosotros mismos y el mundo que nos rodea.

La resiliencia emocional es la capacidad de adaptarse y superar adversidades, transformando experiencias difíciles en oportunidades de crecimiento y aprendizaje. Es como un resorte que se comprime bajo presión, pero retorna a su forma original con más fuerza y flexibilidad.

Las personas resilientes no son inmunes al sufrimiento, pero poseen una capacidad extraordinaria de lidiar con las dificultades, encontrar significado en las crisis y seguir adelante con valentía y esperanza. Encaran los desafíos como oportunidades para fortalecerse, aprender y evolucionar.

Desarrollar la resiliencia emocional es como construir una fortaleza interior, capaz de resistir a los ataques del destino. Es como equiparse con una armadura que nos protege de las flechas del sufrimiento, permitiéndonos mantener el equilibrio y la serenidad incluso en medio de las tormentas.

Algunos pilares de la resiliencia emocional:

Autoconocimiento: Comprender las propias emociones, límites y fortalezas es esencial para navegar por las dificultades con más claridad y consciencia.

Autocontrol: Regular las emociones, evitando que nos dominen, nos permite actuar con más racionalidad y eficacia ante los desafíos.

Optimismo: Mantener una perspectiva positiva, creyendo en la posibilidad de superación y enfocado en las soluciones, nos impulsa a seguir adelante.

Flexibilidad: Adaptarse a los cambios, reevaluando planes y buscando alternativas, nos permite sortear los obstáculos con más creatividad.

Soporte social: Cultivar relaciones saludables, buscando apoyo en amigos, familiares o profesionales, nos fortalece en los momentos difíciles.

Propósito de vida: Tener objetivos claros y un sentido de propósito nos da dirección y motivación para superar las adversidades.

La resiliencia emocional no es un rasgo innato, sino una habilidad que puede ser desarrollada y fortalecida a lo largo de la vida. Es como un músculo que se fortalece con el ejercicio constante, con la práctica de la autocompasión, del perdón, de la gratitud y del cultivo de pensamientos positivos.

La resiliencia emocional es el arte de acoger la impermanencia de la vida, transformando dificultades en pasos para la maduración y la plenitud. Cuando aceptamos los desafíos como oportunidades para expandir nuestra comprensión y fortalecer nuestros recursos internos, creamos una base sólida para navegar las incertidumbres con valentía y equilibrio. Este proceso no elimina el sufrimiento, sino que lo resignifica, transformándolo en aprendizaje y renovación.

Al desarrollar esta habilidad, nos acercamos a una versión más auténtica de nosotros mismos, aprendiendo a equilibrar vulnerabilidad y fuerza. Cada experiencia desafiante deja marcas que, cuando se integran con sabiduría, enriquecen nuestra capacidad de enfrentar los altibajos de la jornada. Así, la resiliencia no es solo una defensa contra las adversidades, sino un puente para el crecimiento personal y la conexión con lo que realmente importa.

La resiliencia emocional nos invita a caminar por la vida con un corazón más abierto y una mente más flexible, siempre listos para aprender, crecer y reinventar. En este movimiento constante, encontramos no solo formas de sobrevivir, sino de florecer, incluso en las condiciones más adversas, construyendo un legado de fuerza y esperanza para nosotros y para quienes nos rodean.

Capítulo 11
Auto-observación

La práctica de la auto-observación es un proceso que exige la misma atención y rigor que un científico aplica al observar un experimento en laboratorio. Aquí, no obstante, el laboratorio es la propia mente y el objeto de estudio son los pensamientos, emociones y sensaciones que surgen de forma incesante en nuestra experiencia interna. Este ejercicio es el punto de partida esencial para quien desea asumir el control de su vida emocional, volviéndose más consciente y apto para lidiar con los desafíos diarios.

Al iluminar los aspectos internos de nuestra existencia a través de la auto-observación, comenzamos a ver con claridad los patrones que antes pasaban desapercibidos. Estas dinámicas internas incluyen los pensamientos recurrentes, los desencadenantes que disparan reacciones emocionales y las respuestas automáticas que con frecuencia nos colocan en ciclos de autosabotaje. Más que simple concienciación, esta práctica nos transforma en exploradores atentos de nuestra mente, capaces de mapear las intrincadas conexiones entre estímulos externos y respuestas internas.

Desarrollar la habilidad de observar sin juicios es como fortalecer un músculo mental. Al inicio, puede parecer difícil mantener el foco, pues nuestra atención con frecuencia se dispersa entre los innumerables pensamientos y emociones que surgen. Sin embargo, con dedicación y práctica, esta habilidad se convierte en una herramienta poderosa para comprender y transformar nuestra relación con el mundo interno. Cada emoción y pensamiento gana un espacio para ser reconocido y analizado, sin la presión de ser controlado o reprimido.

La auto-observación crea, así, una pausa entre lo que nos sucede y cómo escogemos reaccionar. Esta pausa, por pequeña que parezca, es donde reside nuestra libertad y posibilidad de cambio. Es en este intervalo que tenemos la oportunidad de sustituir respuestas impulsivas por acciones conscientes, interrumpiendo ciclos perjudiciales y cultivando un estado emocional más equilibrado y funcional.

La auto-observación es como encender una luz en el paisaje interno, revelando los contornos de nuestro mundo emocional. Es como convertirse en un explorador de la propia mente, mapeando los territorios desconocidos de nuestras emociones, pensamientos y comportamientos. A través de la auto-observación, podemos identificar los patrones que se repiten, los detonantes que desencadenan ciertas emociones y las reacciones automáticas que nos sabotean.

Desarrollar la auto-observación es como entrenar un músculo de la atención, aprendiendo a dirigir el foco hacia adentro, hacia el flujo constante de nuestra experiencia interna. Es como convertirse en un observador silencioso de los propios pensamientos, emociones y sensaciones, sin juicios ni críticas.

Al principio, la mente puede parecer un mono inquieto, saltando de rama en rama, de pensamiento en pensamiento, de emoción en emoción. Pero con la práctica constante, la mente empieza a calmarse, y la observación se vuelve más clara y precisa.

Podemos observar nuestras emociones como un científico observa un fenómeno natural, sin involucrarse o intentar controlarlo. Podemos percibir las sensaciones físicas que acompañan a cada emoción: la opresión en el pecho de la ansiedad, el calor en el rostro de la rabia, la lágrima que resbala en la tristeza.

Podemos observar nuestros pensamientos como nubes que pasan por el cielo de nuestra mente, sin identificarnos con ellos o dejarnos llevar por ellos. Podemos percibir los pensamientos negativos que nos limitan, los pensamientos repetitivos que nos atan al pasado y los pensamientos ansiosos que nos proyectan hacia el futuro.

La auto-observación nos permite crear un espacio entre el estímulo y la reacción, entre el pensamiento y la emoción, entre la emoción y el comportamiento. Este espacio de consciencia nos da la oportunidad de escoger cómo responder a los desafíos, en lugar de reaccionar automáticamente.

La práctica de la auto-observación nos invita a una inmersión profunda en nuestra esencia, iluminando aquello que antes permanecía oculto en las sombras de nuestra consciencia. Es en este proceso de traer a la luz los patrones internos que encontramos el poder de transformación, rompiendo ciclos automáticos y creando espacio para elecciones más alineadas con nuestros valores y aspiraciones.

Con el tiempo, esta habilidad se convierte en una brújula interna, orientándonos a responder a los desafíos con equilibrio y claridad. Lo que antes era un torbellino de emociones y pensamientos desordenados se transforma en un flujo comprensible, donde cada elemento es reconocido como parte de un todo más amplio y coherente. Esta mirada atenta nos acerca a una existencia más consciente e intencional.

Por último, la auto-observación no es solo una práctica, sino un camino hacia la libertad interior. Es en ella que descubrimos la fuerza de vivir con presencia, de acoger nuestras experiencias sin juicios y de actuar con sabiduría ante las circunstancias. Así, cultivamos una relación más profunda y armoniosa con nuestra propia mente, abriendo camino para un vivir más auténtico y pleno.

Capítulo 12
Mindfulness

El alpinista escala la montaña con un enfoque absoluto en cada paso, cada movimiento y cada respiración. Su atención reposa enteramente en el momento presente, libre de distracciones con los ecos del pasado o preocupaciones sobre el futuro. Este estado de concentración y presencia refleja la esencia del mindfulness, una práctica milenaria que nos enseña a cultivar la atención plena y la conexión con el aquí y ahora. Mindfulness no es solo un concepto, sino una habilidad que nos capacita a vivir con mayor consciencia, explorando con claridad el flujo continuo de pensamientos, emociones y sensaciones que componen nuestra experiencia humana.

Desarrollar mindfulness es como abrir una ventana a nuestra realidad interna, permitiendo que seamos observadores atentos y compasivos de lo que sucede dentro de nosotros. En el ritmo acelerado de la vida moderna, muchas veces somos llevados por un remolino de pensamientos sobre el pasado o especulaciones ansiosas sobre el futuro, alejándonos del presente. La práctica de la atención plena nos invita a pausar, redirigir el foco y reconectarnos con el momento presente. Ese retorno a la experiencia inmediata de la vida promueve una relación más armoniosa con nosotros mismos y con el mundo que nos rodea.

Con la práctica regular, mindfulness se convierte en una herramienta poderosa para entrenar la mente, ayudándonos a abandonar patrones automáticos de distracción y juicio. Al caminar, podemos traer la atención a cada movimiento del cuerpo y la sensación de los pies tocando el suelo. Durante una comida, es posible saborear plenamente cada bocado, explorando texturas, sabores y aromas con curiosidad y gratitud. Incluso en interacciones cotidianas, mindfulness nos invita a escuchar con atención genuina, creando conexiones más profundas y significativas. Esta práctica nos capacita a vivir con más presencia, claridad y equilibrio, valorando la riqueza de cada instante.

Mindfulness es la capacidad de estar presente de cuerpo y mente en el momento presente, sin juicios. Es como si abriéramos una ventana a nuestra experiencia interna, observando el flujo constante de pensamientos, emociones y sensaciones sin identificarnos con ellos. Es como si nos convirtiéramos en un observador curioso y compasivo de nuestra propia experiencia.

En la vorágine del día a día, es común perdernos en pensamientos sobre el pasado o preocupaciones con el futuro. La mente se convierte en un torbellino de pensamientos, y nos desconectamos del presente, del aquí y ahora. El mindfulness nos invita a retornar al momento presente, a la experiencia directa de la vida en su plenitud.

Practicar mindfulness es como entrenar la mente a concentrarse en el presente, como un foco que ilumina el aquí y ahora. Es como si cultiváramos una atención selectiva, eligiendo dónde dirigir el foco de nuestra consciencia.

Podemos practicar mindfulness en cualquier momento del día, en cualquier actividad. Al caminar, podemos prestar atención en cada paso, en cada movimiento del cuerpo, en las sensaciones de los pies tocando el suelo. Al comer, podemos saborear cada bocado, percibiendo las texturas, los sabores y los aromas de los alimentos. Al conversar con alguien, podemos escuchar con atención plena, sin interrupciones o distracciones.

El mindfulness nos ayuda a desarrollar la autoconsciencia, a reconocer nuestras emociones en el momento presente, sin juicios o reacciones impulsivas. Nos permite observar los pensamientos que surgen en nuestra mente, sin dejarnos llevar por ellos. Nos ayuda a cultivar la aceptación del momento presente, sin resistencia o apego.

Practicar mindfulness es como descender las capas de nuestra experiencia hasta llegar al núcleo de lo que significa estar vivo. Cada momento se convierte en una oportunidad de redescubrir la simplicidad y la profundidad de estar presente, sea en una tarea cotidiana o en un instante de contemplación. Este estado de atención nos revela la riqueza escondida en los detalles que antes pasaban desapercibidos, transformando la vida en una experiencia más vibrante y auténtica.

Al cultivar la atención plena, entrenamos la mente para responder en lugar de reaccionar, creando espacio para elecciones más conscientes y alineadas con nuestros valores. Ese proceso de conexión con el presente no solo reduce la ansiedad y el estrés, sino que también nos fortalece emocionalmente, promoviendo equilibrio en medio de las complejidades del día a día.

Mindfulness es, en última instancia, una invitación a vivir con más presencia e intención. A través de esta práctica, aprendemos a relacionarnos con nuestros pensamientos y emociones de manera más compasiva, integrando cuerpo, mente y espíritu en armonía. Así, cada momento del presente se convierte en un punto de partida para la transformación y el florecimiento de una vida más plena.

Capítulo 13
Respiración Consciente

La respiración es la base de nuestra existencia, un proceso vital que conecta cuerpo y mente de manera inseparable. Más que un acto automático, es un enlace directo con nuestro estado interno, ofreciendo la oportunidad de influenciar profundamente el equilibrio emocional y el bienestar físico. Reconocer la respiración como una aliada poderosa es el primer paso para transformar su práctica cotidiana en una herramienta de autocuidado.

Al dirigir nuestra atención a la respiración consciente, establecemos una conexión profunda con el presente, permitiendo que cada inspiración y expiración nos guíe hacia un estado de calma y claridad. Esta práctica no es solo un ejercicio de atención, sino un recurso eficaz para controlar el ritmo de la vida interior, especialmente en momentos de desafío emocional o mental. Comprender esta dimensión nos permite adoptar la respiración consciente como un instrumento práctico y accesible para renovar energía, reducir tensiones y alcanzar un estado más equilibrado de ser.

De esta forma, la respiración consciente se presenta no solo como un simple ajuste en el ritmo natural, sino como un verdadero recurso terapéutico, capaz de reconfigurar nuestros estados internos y reconectarnos con el ahora. Al traer la respiración al centro de nuestra consciencia, se convierte en un ancla en medio del caos, un recordatorio de que, incluso en las situaciones más desafiantes, tenemos la capacidad de retornar a la armonía.

La respiración consciente es como afinar un instrumento musical, ajustando el ritmo y la intensidad para crear una melodía armoniosa. Es prestar atención al flujo del aire que entra y sale de los pulmones, observando las sensaciones del cuerpo a cada inspiración y expiración. Es como si volviéramos la mirada hacia dentro, sintonizando nuestra atención en la melodía sutil de la respiración.

En momentos de estrés, ansiedad o ira, la respiración tiende a volverse rápida y superficial, como un mar agitado por vientos fuertes. Esta alteración en el ritmo respiratorio envía señales al cerebro, activando el sistema nervioso simpático y desencadenando una serie de reacciones fisiológicas, como aumento del ritmo cardíaco, tensión muscular y liberación de hormonas del estrés.

Al practicar la respiración consciente, podemos interrumpir este ciclo y calmar la tormenta interior. Respirar profundamente, de forma lenta y rítmica, envía señales al cerebro que activan el sistema nervioso parasimpático, responsable de la relajación y la recuperación del cuerpo.

La respiración consciente es como un botón de reset para nuestro sistema nervioso, ayudando a regular las emociones, reducir el estrés y promover el equilibrio interior. Es una técnica simple y eficaz, que puede ser practicada en cualquier lugar y en cualquier momento.

Existen diversas técnicas de respiración consciente, cada una con sus beneficios específicos. La respiración diafragmática, por ejemplo, consiste en respirar profundamente, utilizando el diafragma para expandir el abdomen a cada inspiración. Esta técnica ayuda a calmar el sistema nervioso, reducir la ansiedad y promover la relajación.

La respiración alternada, a su vez, consiste en inspirar por una fosa nasal y espirar por la otra, alternando las fosas nasales a cada respiración. Esta técnica ayuda a equilibrar los hemisferios cerebrales, promoviendo la concentración y la claridad mental.

La respiración cuadrada, también conocida como respiración 4x4, consiste en inspirar contando hasta cuatro, contener la respiración contando hasta cuatro, espirar contando hasta cuatro y contener la respiración nuevamente contando hasta cuatro. Esta técnica ayuda a calmar la mente, reducir la ansiedad y promover el foco.

La práctica de la respiración consciente nos recuerda que el poder de transformación está al alcance de cada inspiración. Cada técnica, sea la respiración diafragmática, alternada o cuadrada, ofrece una llave para acceder a estados de mayor equilibrio y presencia, adaptándose a las necesidades del momento. Estas prácticas no solo calman el cuerpo, sino que también nos conectan con una serenidad interna que muchas veces olvidamos en medio del ritmo acelerado de la vida.

Al anclarnos en la respiración, aprendemos a observar nuestros pensamientos y emociones sin ser arrastrados por ellos. Esta habilidad nos da una sensación de control y tranquilidad, incluso ante circunstancias desafiantes. La respiración consciente se convierte, entonces, en un hilo conductor que nos lleva de vuelta al presente, promoviendo claridad y renovación en momentos de caos.

Transformar la respiración en una práctica intencional es una puerta para una vida más plena y consciente. En cada ciclo respiratorio, encontramos no solo una herramienta de autocuidado, sino también un recordatorio poderoso de que, incluso en tiempos de adversidad, siempre podemos encontrar equilibrio y fuerza dentro de nosotros mismos.

Capítulo 14
Relajación

La relajación representa una necesidad fundamental para el bienestar humano, siendo más que una simple pausa en la vorágine cotidiana. Es un estado esencial que permite la restauración del cuerpo y de la mente, aliviando los impactos del estrés y de las tensiones acumuladas. Vivimos en un contexto donde el ritmo acelerado de las actividades y la constante demanda por atención minan nuestras energías, volviendo indispensable el cultivo de momentos de calma. En esos instantes, el organismo retoma su equilibrio natural, creando un terreno fértil para la renovación y la resiliencia frente a los desafíos diarios.

Al alcanzar la relajación, experimentamos cambios significativos en nuestro organismo. La respiración se vuelve más fluida y controlada, los latidos cardíacos desaceleran, y los músculos entran en un estado de alivio que favorece la regeneración física. Estos efectos fisiológicos se traducen en un bienestar profundo, funcionando como un puente que nos conecta a un estado de serenidad interna. Esta práctica no solo promueve salud, sino que también nos prepara para enfrentar la vida con más claridad y disposición, reduciendo la ansiedad y potenciando el equilibrio emocional.

Incorporar la relajación a la rutina no es un acto superfluo, sino una forma eficaz de mantenimiento de la salud. Existen diversas estrategias que pueden ser adaptadas a las necesidades de cada individuo. Técnicas corporales, como la relajación muscular progresiva, permiten que identifiquemos y liberemos áreas de tensión acumulada en el cuerpo. Por otro lado, prácticas mentales, como la meditación y la visualización creativa, promueven la calma interior y cultivan una percepción más consciente del momento presente. Al reservar un tiempo para estas prácticas, estamos invirtiendo en un espacio mental de tranquilidad que nos ayuda a enfrentar los desafíos con más equilibrio y claridad.

La relajación es un estado de reducción de la tensión física y mental, un reposo profundo que permite al cuerpo y a la mente recuperarse del desgaste del día a día. Es como si apagáramos el "modo hacer" y entráramos en el "modo ser", permitiéndonos simplemente existir, sin presiones o preocupaciones.

Cuando estamos relajados, el ritmo cardíaco disminuye, la respiración se vuelve más profunda y lenta, los músculos se distienden y la mente se calma. Es como si una ola de tranquilidad se esparciera por el cuerpo, aliviando las tensiones y promoviendo una sensación de bienestar.

Existen diversas técnicas de relajación, cada una con sus beneficios específicos. Algunas técnicas se concentran en el cuerpo, como la relajación muscular progresiva, que consiste en tensionar y relajar grupos musculares secuencialmente, promoviendo la consciencia corporal y el alivio de las tensiones físicas.

Otras técnicas se concentran en la mente, como la meditación, que consiste en calmar la mente y concentrarse en el momento presente, cultivando la atención plena y la serenidad interior. La visualización creativa también es una técnica poderosa, que consiste en usar la imaginación para crear escenarios relajantes y tranquilos, transportando la mente a un lugar de paz y armonía.

La relajación es más que una práctica ocasional; es una invitación a recuperar el equilibrio natural del cuerpo y de la mente en medio de las demandas de la vida moderna. Cada técnica, sea física o mental, nos enseña que el descanso no es pasividad, sino una actividad vital que nutre nuestra energía y fortalece nuestra resiliencia. Incorporarlo a la rutina es un acto de cuidado esencial que transforma no solo momentos de tensión, sino toda nuestra relación con lo cotidiano.

Cuando permitimos que la relajación forme parte de nuestras vidas, abrimos espacio para la renovación, la creatividad y la claridad mental. El simple acto de desacelerar, de respirar profundamente y de reconectarse con el momento presente nos devuelve una sensación de control y serenidad. Es en este estado de calma que encontramos la fuerza para enfrentar los desafíos con más equilibrio y discernimiento.

Al abrazar la relajación como una práctica intencional y regular, creamos un refugio interno donde podemos renovarnos y fortalecernos. Esta elección consciente nos capacita a vivir de manera más plena y armónica, recordándonos que el cuidado con nosotros mismos es el cimiento para una vida de salud y bienestar.

Capítulo 15
Meditación

La meditación es como un encuentro profundo con el propio ser, un espacio donde el ritmo frenético del mundo cede lugar al silencio transformador de la introspección. Así como un lago de aguas cristalinas refleja el cielo y las montañas que lo rodean, la práctica meditativa ofrece un espejo para la mente, permitiendo que veamos con claridad y serenidad lo que sucede dentro de nosotros. En este estado de quietud, accedemos a una tranquilidad que transciende los ruidos externos y nos conecta con nuestra esencia más pura, promoviendo el equilibrio emocional y la claridad mental.

Al sumergirnos en la práctica meditativa, cultivamos la habilidad de observar los pensamientos y sentimientos sin dejarnos arrastrar por ellos, como si fuéramos testigos de nubes pasajeras en el cielo de la mente. Esta práctica nos proporciona una pausa intencional del flujo incesante de estímulos y preocupaciones, creando un espacio seguro para explorar la profundidad de la conciencia. Aquí, la mente inquieta encuentra descanso y el cuerpo responde con una sensación de ligereza y renovación, como si un peso invisible fuera retirado gradualmente.

La meditación también actúa como una herramienta poderosa para romper con patrones automáticos de pensamiento y comportamiento. Al volver el foco hacia algo simple y constante, como la respiración o un mantra, nos anclamos en el momento presente, desactivando el "piloto automático" que tantas veces guía nuestras acciones. Esta práctica continua nos enseña a abrazar el ahora, encontrando belleza y significado en las pequeñas cosas y liberándonos de la prisión de ansiedades pasadas o futuras.

Por medio de la práctica consistente, la meditación se convierte en más que un ejercicio; se transforma en un estilo de vida, una forma de estar en el mundo con presencia y propósito. Las técnicas pueden variar, pero el objetivo común es el mismo: cultivar un estado de paz interior que impacta positivamente todas las áreas de la vida. Al integrar la meditación en lo cotidiano, abrimos las puertas para un camino de autoconocimiento, cura y expansión de la conciencia.

La meditación es una práctica que consiste en calmar la mente, concentrando la atención en un único punto, como la respiración, un mantra o una imagen. Al silenciar el diálogo interno y desconectarse de los estímulos externos, creamos un espacio de paz y tranquilidad interior, donde podemos observar los pensamientos y emociones sin juicios o reacciones impulsivas.

Es como si apagáramos el "piloto automático" de la mente, que nos mantiene presos a patrones de pensamiento repetitivos y reacciones condicionadas. Al meditar, nos volvemos más conscientes del flujo constante de pensamientos y emociones que pasan por nuestra mente, sin dejarnos llevar por ellos. Es como si observáramos las nubes pasando por el cielo, sin apegarnos a ninguna de ellas.

La meditación no se trata de vaciar la mente completamente, sino de cultivar una atención plena y una observación imparcial de los pensamientos y emociones que surgen. Es como si creáramos un espacio de conciencia, donde podemos observar el funcionamiento de la mente sin identificarnos con ella.

Existen diversas técnicas de meditación, cada una con sus beneficios y enfoques específicos. La meditación Vipassanā, por ejemplo, consiste en observar la respiración y las sensaciones corporales con atención plena, cultivando la conciencia del momento presente. La meditación Samatha-vipassanā combina la concentración en la respiración con la observación de los pensamientos y emociones, promoviendo la calma mental y la comprensión de la naturaleza de la mente.

La meditación transcendental, por su parte, utiliza mantras para calmar la mente e inducir un estado de relajación profundo. La meditación caminando consiste en caminar en silencio, prestando atención en cada paso y en cada movimiento del cuerpo, cultivando la conciencia corporal y la presencia en el momento presente.

Independientemente de la técnica elegida, la práctica regular de la meditación trae innumerables beneficios para la salud física, mental y emocional. La meditación reduce el estrés, la ansiedad y la depresión, mejora la concentración y la memoria, fortalece el sistema inmunológico y promueve el bienestar general.

La meditación es una invitación constante para retornar a la esencia del momento presente, donde la mente encuentra reposo y la vida revela su simplicidad. Cada técnica, sea enfocada en la respiración, en un mantra o en el cuerpo en movimiento, nos guía hacia un estado de presencia que transciende las preocupaciones del día a día. En este espacio de quietud, somos capaces de reequilibrar nuestra energía y cultivar un sentido renovado de claridad y propósito.

Practicar meditación regularmente transforma nuestra relación con los pensamientos y emociones, permitiéndonos que nos convirtamos en observadores más compasivos de nosotros mismos. Con el tiempo, esta práctica se refleja en nuestra vida cotidiana, fortaleciendo nuestra capacidad de enfrentar los desafíos con calma y resiliencia. No es solo un momento de introspección, sino una forma de alinear cuerpo, mente y espíritu en armonía.

Al incorporar la meditación en nuestra rutina, abrimos un camino de autodescubrimiento y renovación, donde cada instante se convierte en una oportunidad para florecer. Esta jornada nos conecta no solo con la paz interior, sino también con la fuerza y la sabiduría necesarias para vivir con más presencia, equilibrio y autenticidad.

Capítulo 16
Comunicación No Violenta

La Comunicación No Violenta (CNV) es un enfoque práctico y transformador que permite a las personas expresar sus necesidades y sentimientos con claridad y respeto, al mismo tiempo que se abren para comprender genuinamente las perspectivas ajenas. Este modelo de interacción humana va más allá del simple diálogo: promueve conexiones más profundas, ofreciendo un camino eficaz para resolver conflictos y construir relaciones saludables basadas en la empatía y la cooperación. Fundada en los principios de la escucha activa y el entendimiento mutuo, la CNV crea un ambiente donde cada individuo se siente valorado y comprendido, abriendo espacio para soluciones que atiendan a las necesidades de todos los involucrados.

A lo largo de su práctica, la CNV demuestra cómo sustituir patrones de comunicación reactivos y frecuentemente violentos, basados en juicios y críticas, por un lenguaje compasivo que incentiva el diálogo constructivo. Esta transformación exige un cambio consciente: salir del automatismo de acusaciones y adoptar una postura que valore la conexión emocional y el respeto mutuo. No se trata solo de evitar conflictos, sino de enfrentar las diferencias con una mentalidad colaborativa, convirtiendo la comunicación en un instrumento de armonía y crecimiento.

Con cuatro componentes estructurales — observación, sentimientos, necesidades y pedidos — la CNV invita a cada persona a desarrollar una percepción más sensible y asertiva de lo que comunica y recibe. Esta práctica desafía a los interlocutores a ver los hechos sin distorsiones emocionales o juicios, a reconocer las propias emociones con autenticidad, a identificar las necesidades subyacentes a las situaciones y a articular pedidos objetivos y realizables. Al alinear estos elementos, la CNV se convierte en una herramienta accesible y eficaz para transformar interacciones y crear un mundo más justo y compasivo.

La CNV fue desarrollada por el psicólogo Marshall Rosenberg como una forma de promover la paz y la comprensión mutua en situaciones de conflicto. Es un enfoque que se basa en la observación objetiva de los hechos, en la expresión de los sentimientos, en la identificación de las necesidades y en la formulación de pedidos claros y específicos.

La CNV nos invita a abandonar el lenguaje de la culpa, la crítica y el juicio, que generan resistencia y alejamiento, y a adoptar un lenguaje más compasivo y empático, que promueve la conexión y el entendimiento. Es como si cambiáramos las armas de la violencia verbal por las herramientas de la cooperación y el diálogo constructivo.

Los cuatro componentes de la CNV:

Observación: Describir la situación de forma objetiva, sin juicios o interpretaciones. Es como si hiciéramos un relato imparcial de los hechos, como una cámara que registra la escena sin emitir opiniones.

Sentimientos: Expresar los sentimientos que la situación despierta en nosotros, de forma auténtica y vulnerable. Es como si abriéramos el corazón y compartiéramos nuestras emociones más profundas, sin miedo de ser juzgados.

Necesidades: Identificar las necesidades que están detrás de nuestros sentimientos. Es como si buscáramos la raíz de nuestras emociones, comprendiendo lo que es realmente importante para nosotros en esa situación.

Pedidos: Formular pedidos claros, específicos y viables, que puedan atender a nuestras necesidades. Es como si hiciéramos una invitación a la cooperación, buscando soluciones que beneficien a todos los involucrados.

La práctica de la Comunicación No Violenta nos invita a un nuevo paradigma de interacción, donde cada conversación se convierte en una oportunidad de construir puentes en vez de muros. Al integrar sus principios en lo cotidiano, aprendemos a abordar las diferencias con curiosidad y compasión, sustituyendo reacciones impulsivas por respuestas conscientes y respetuosas. Este proceso fortalece no solo nuestras relaciones interpersonales, sino también nuestra propia conexión con los sentimientos y valores que orientan nuestras elecciones.

Más que una técnica, la CNV es una filosofía de vida que nos desafía a cultivar la empatía en todas las esferas de nuestras interacciones. Al priorizar la escucha genuina y la expresión honesta, creamos un ambiente donde la colaboración florece naturalmente y los conflictos son vistos como oportunidades para el crecimiento mutuo. En este espacio, la comunicación se convierte en una herramienta poderosa para transformar las discordias en entendimiento y las distancias en conexión.

Adoptar la Comunicación No Violenta es abrazar la posibilidad de un mundo más justo y armonioso, donde cada voz es valorada y cada necesidad es escuchada. Es un llamado a la valentía de dialogar con apertura y respeto, reconociendo que, por medio de la empatía, podemos crear relaciones más auténticas y construir un futuro basado en la cooperación y la paz.

Capítulo 17
Asertividad

Un equilibrista avanza con precisión en su caminata sobre la cuerda floja, manteniendo el control entre la firmeza y la flexibilidad, sustentado por la confianza sin renunciar a la humildad. De la misma forma, en las interacciones humanas, somos capaces de posicionarnos con claridad y respeto, conciliando nuestras necesidades y opiniones con las perspectivas y demandas de los otros. Esta habilidad esencial de comunicación, caracterizada por la honestidad y el respeto mutuo, es conocida como asertividad. Por medio de ella, es posible fortalecer relaciones, defender nuestros derechos y alcanzar metas personales y profesionales sin comprometer la integridad o faltar el respeto a los demás.

Ser asertivo no se resume solo a expresar nuestras opiniones con claridad, sino también a hacerlo de manera equilibrada, sin caer en los extremos de la pasividad o la agresividad. Se trata de encontrar un punto medio que permita la defensa de los propios intereses mientras reconocemos y respetamos las limitaciones y sentimientos ajenos. Más que una técnica de comunicación, la asertividad es una práctica que promueve interacciones saludables y constructivas, fomentando la confianza mutua y fortaleciendo la autoestima de todos los involucrados.

Al desarrollar esta habilidad, descubrimos un nuevo nivel de interacción interpersonal. Aprendemos a comunicarnos de forma clara y eficaz, evitando malentendidos, frustraciones o resentimientos. Nos volvemos capaces de decir "no" sin culpa, presentar nuestras opiniones sin dudar y recibir feedback sin sentirnos atacados. Así, la asertividad se revela como un pilar para el equilibrio emocional y para relaciones más armoniosas, permitiéndonos navegar con seguridad por los desafíos de las conexiones humanas.

Ser asertivo es como ser un diplomático en nuestras propias vidas, capaz de negociar las complejas relaciones interpersonales con habilidad y sabiduría. Es expresar nuestras necesidades, deseos y opiniones de forma clara y concisa, sin agresividad o pasividad. Es defender nuestros derechos sin violar los derechos de los otros, buscando soluciones que satisfagan a todos los involucrados.

La asertividad es un punto de equilibrio entre dos extremos: la pasividad, que nos lleva a silenciar nuestras necesidades y someternos a los deseos de los otros, y la agresividad, que nos lleva a imponer nuestras voluntades sin considerar los sentimientos ajenos. El camino asertivo nos permite navegar entre estos dos polos, expresando nuestras verdades con firmeza y respeto, sin miedo de desagradar o de ser rechazados.

Desarrollar la asertividad es como aprender un nuevo idioma, el idioma de la autoconfianza y el respeto mutuo. Es aprender a decir "no" sin culpa, a expresar desacuerdos sin hostilidad, a hacer pedidos sin exigencias y a recibir críticas sin sentirse amenazado.

Algunos principios de la asertividad:

Autoconocimiento: Reconocer nuestras propias necesidades, valores y límites es fundamental para posicionarnos con claridad y autenticidad.

Respeto propio: Valorar nuestras opiniones y sentimientos, reconociendo que tenemos el derecho de expresarlos sin miedo de ser juzgados.

Empatía: Considerar las perspectivas y necesidades de los otros, buscando soluciones que sean mutuamente beneficiosas.

Comunicación clara y directa: Expresar nuestras necesidades y opiniones de forma objetiva y concisa, sin rodeos ni ambigüedades.

Lenguaje corporal congruente: Mantener una postura erguida, contacto visual directo y un tono de voz firme y tranquilo, transmitiendo confianza y seguridad.

La asertividad es más que una habilidad comunicativa; es un reflejo de la armonía entre la autoconfianza y el respeto al prójimo. Al practicarla, cultivamos una postura que nos permite expresar nuestras necesidades sin ignorar las emociones y los derechos de quienes nos rodean. Este enfoque, basado en el equilibrio, promueve interacciones más transparentes, fortaleciendo los vínculos y creando un espacio donde el diálogo se convierte en una herramienta de entendimiento y crecimiento mutuo.

Cuando incorporamos la asertividad en nuestras vidas, nos liberamos del peso de reacciones automáticas, ya sean de sumisión o confrontación. Aprendemos a navegar situaciones difíciles con claridad y propósito, manteniendo el foco en lo que realmente importa: la autenticidad de nuestras acciones y el impacto positivo de nuestras palabras. En este proceso, no solo mejoramos nuestras relaciones interpersonales, sino que también fortalecemos nuestra autoestima y confianza en nuestra capacidad de lidiar con los desafíos.

Ser asertivo es una invitación a la autenticidad consciente, donde la comunicación refleja quiénes somos, al mismo tiempo que respeta la esencia de los demás. Esta práctica nos enseña que, al posicionarnos con firmeza y amabilidad, creamos un ambiente de confianza y respeto mutuo, esencial para construir relaciones saludables y enfrentar las complejidades de la vida con equilibrio e integridad.

Capítulo 18
Gestionando el Estrés

Mantener el equilibrio en medio de las demandas y desafíos de la vida moderna es una habilidad esencial que puede ser desarrollada con prácticas consistentes y eficaces. Así como un equilibrista atraviesa una cuerda floja con concentración y preparación, es posible enfrentar presiones externas e internas al gestionar el estrés de manera consciente y estratégica. Este manejo no solo preserva el bienestar físico y mental, sino que también potencia la capacidad de lidiar con situaciones adversas, transformando desafíos en oportunidades de crecimiento.

El estrés es una respuesta biológica natural y, en dosis moderadas, puede funcionar como un motivador que impulsa acciones y soluciones creativas. Sin embargo, cuando se prolonga o alcanza niveles intensos, se convierte en un factor de riesgo, comprometiendo la salud de manera amplia. Su impacto puede ser sentido en el sistema inmunológico, cardiovascular y digestivo, además de afectar la calidad del sueño y la estabilidad emocional. Por eso, aprender a controlar y redirigir las manifestaciones del estrés es indispensable para mantener una vida equilibrada.

Al adoptar estrategias dirigidas para identificar detonantes, cultivar hábitos saludables y organizar prioridades, es posible reducir significativamente los efectos negativos del estrés. Esto involucra prácticas simples, pero transformadoras, como la implementación de rutinas que valorizan el autocuidado, la utilización de técnicas de relajación y el fortalecimiento de las conexiones interpersonales. De esta forma, el manejo del estrés deja de ser una respuesta ocasional y se convierte en una competencia diaria, esencial para una vida más plena y satisfactoria.

El estrés es una reacción natural del organismo a situaciones desafiantes o amenazadoras. Es como una alarma interna que nos coloca en estado de alerta, preparándonos para enfrentar los peligros o huir de ellos. En pequeñas dosis, el estrés puede ser beneficioso, motivándonos a actuar y a superar los obstáculos. No obstante, cuando el estrés se vuelve crónico e intenso, puede tener consecuencias negativas para nuestra salud, comprometiendo el sistema inmunológico, aumentando el riesgo de enfermedades cardiovasculares, causando problemas digestivos, insomnio y una serie de otros problemas.

Gestionar el estrés es como domar un caballo salvaje, aprendiendo a controlar su energía y dirigirla para fines constructivos. Es como ser un jardinero que cuida de su jardín interior, cultivando hábitos saludables y eliminando las malas hierbas del estrés.

Algunas estrategias eficaces para gestionar el estrés:

Identificar los detonantes del estrés: Reconocer las situaciones, personas o pensamientos que desencadenan el estrés es el primer paso para controlarlo. Es como mapear los puntos débiles de nuestro "escudo antiestrés", para que podamos reforzarlos.

Desarrollar hábitos saludables: Una alimentación equilibrada, la práctica regular de ejercicios físicos, el sueño adecuado y las técnicas de relajación, como la meditación y la respiración consciente, son como nutrientes para nuestro bienestar, fortaleciendo el organismo y aumentando nuestra resistencia al estrés.

Organizar el tiempo y las actividades: Priorizar las tareas, delegar responsabilidades y establecer límites claros entre la vida profesional y personal son como herramientas para organizar el caos, reduciendo la sensación de sobrecarga y aumentando nuestra eficiencia.

Cultivar el optimismo y el buen humor: Encarar los desafíos con una perspectiva positiva, enfocando en las soluciones y cultivando el buen humor son como rayos de sol que iluminan la mente, alejando las nubes oscuras del estrés.

Fortalecer las relaciones interpersonales: Cultivar relaciones saludables, basadas en el apoyo mutuo, la confianza y el afecto, es como construir una red de seguridad, que nos ampara en los momentos difíciles y nos da fuerza para superar los desafíos.

Buscar ayuda profesional cuando sea necesario: Si el estrés se vuelve crónico y debilitante, no dude en buscar ayuda de un profesional de la salud mental. Es como procurar un guía experimentado para orientarnos en un terreno desconocido, ayudándonos a encontrar el camino de vuelta al equilibrio y el bienestar.

Gestionar el estrés es una práctica continua de autoconocimiento y equilibrio, que nos enseña a responder a las presiones de la vida con sabiduría y resiliencia. Cada estrategia adoptada, desde la identificación de detonantes hasta la implementación de hábitos saludables, nos acerca a una vida más armoniosa, donde el estrés deja de ser un enemigo silencioso para convertirse en una energía controlada y redirigida.

Al fortalecer nuestro "escudo interno" con prácticas de autocuidado y conexiones humanas, aprendemos a enfrentar los desafíos sin ser consumidos por ellos. Esto nos permite transformar momentos de tensión en oportunidades de crecimiento, reforzando nuestra capacidad de lidiar con adversidades y ampliando nuestra perspectiva sobre lo que realmente importa.

Domar el estrés es, sobre todo, un acto de cuidado con nosotros mismos. Es una elección consciente de vivir de forma más ligera y presente, encontrando equilibrio en medio del caos. En este camino, descubrimos que el control no está en evitar el estrés, sino en enfrentarlo con valentía y claridad, creando una vida más plena y resiliente.

Capítulo 19
Lidiando con la Ira

La ira es una fuerza innegable que emerge como una señal clara de que algo dentro de nosotros necesita atención. Cuando nos sentimos amenazados, injustamente tratados o frustrados, surge como una alerta, apuntando a situaciones en las que nuestros límites fueron sobrepasados o nuestras necesidades ignoradas. Esta emoción, a pesar de ser frecuentemente vista como negativa, posee un papel vital: nos despierta para la acción, animándonos a enfrentar desafíos, defender nuestros derechos y corregir injusticias. Sin embargo, para que su intensidad no nos domine, es crucial aprender a canalizarla con sabiduría, transformando su energía en un recurso que promueva soluciones en vez de conflictos.

Lidiar con la ira no significa eliminarla o negarla, sino entender su origen y respetar su propósito. Es necesario reconocer que nos ofrece una oportunidad de autoconocimiento, revelando vulnerabilidades, valores y aquello que realmente importa para nosotros. La ira también puede fortalecernos, motivándonos a superar obstáculos y encontrar caminos creativos para resolver problemas. Así, en vez de temer esta emoción, podemos verla como una herramienta poderosa que, cuando es manejada adecuadamente, contribuye a nuestro crecimiento personal y mejora la calidad de nuestras relaciones.

El control eficaz de la ira involucra la adopción de estrategias prácticas que promuevan equilibrio y claridad en momentos de tensión. Esto incluye identificar los detonantes que despiertan la emoción, permitiéndonos anticipar situaciones de potencial conflicto y prepararnos para reaccionar de manera más constructiva. También requiere la habilidad de expresar sentimientos de forma asertiva, comunicándonos con respeto y empatía, sin recurrir a la agresividad o al silencio represor. De esta forma, la ira deja de ser un elemento destructivo y se transforma en un catalizador para cambios positivos, tanto en nuestro interior como en el mundo a nuestro alrededor.

La ira es una emoción natural y saludable, que surge cuando nos sentimos amenazados, injustamente tratados o frustrados. Nos señala que algo no está bien, que nuestros límites fueron violados o que nuestras necesidades no están siendo atendidas. La ira puede darnos la energía necesaria para defender nuestros derechos, proteger a aquellos que amamos y luchar por aquello que creemos.

Sin embargo, cuando la ira es mal administrada, puede convertirse en una fuerza destructiva, llevándonos a actuar de forma impulsiva, agresiva y perjudicial. La ira descontrolada puede dañar relaciones, perjudicar la salud e impedirnos alcanzar nuestros objetivos. Es como un fuego descontrolado, que consume todo a su paso, dejando solo cenizas y destrucción.

Aprender a lidiar con la ira es como aprender a controlar el fuego, utilizándolo para calentar e iluminar, sin dejar que nos queme. Es como ser un alquimista que transforma la energía bruta de la ira en una fuerza positiva, capaz de impulsarnos hacia el crecimiento y la transformación.

Algunas estrategias para lidiar con la ira:

Identificar los detonantes de la ira: Reconocer las situaciones, personas o pensamientos que desencadenan la ira es el primer paso para controlarla. Es como conocer los puntos débiles de un enemigo, para que podamos defendernos con más eficacia.

Expresar la ira de forma constructiva: La ira no necesita ser reprimida o explotar en agresividad. Podemos expresarla de forma asertiva, comunicando nuestros sentimientos y necesidades con claridad y respeto. Es como canalizar la energía del volcán para generar electricidad, en vez de dejarla causar destrucción.

Desarrollar habilidades de resolución de conflictos: Aprender a negociar, a comunicarse de forma no violenta y a buscar soluciones que atiendan a todos los involucrados son herramientas esenciales para lidiar con situaciones que generan ira. Es como construir puentes sobre los abismos que nos separan, creando caminos para la comprensión y la cooperación.

Practicar técnicas de relajación: La respiración consciente, la meditación y otras técnicas de relajación pueden ayudar a calmar la mente y el cuerpo, reduciendo la intensidad de la ira y promoviendo el equilibrio emocional. Es como usar agua para apagar el fuego, refrescando el calor de la ira y trayendo paz interior.

Cultivar la paciencia y la tolerancia: Desarrollar la capacidad de lidiar con frustraciones, aceptar las diferencias y perdonar son cualidades esenciales para prevenir y controlar la ira. Es como construir un dique para contener las aguas de la ira, evitando que inunden y destruyan todo a su alrededor.

Buscar ayuda profesional cuando sea necesario: Si la ira está causando problemas significativos en su vida, no dude en buscar ayuda de un profesional de la salud mental. Es como pedir ayuda a un bombero para controlar un incendio, antes de que se propague y cause daños irreparables.

Lidiar con la ira es un ejercicio de autoconocimiento y autocontrol que nos permite transformar esta energía intensa en algo constructivo y productivo. Al reconocer sus detonantes y aprender a canalizarla, desarrollamos la capacidad de actuar con equilibrio, promoviendo cambios que respeten tanto nuestras necesidades como las de los demás. Así, la ira deja de ser una fuerza destructiva para convertirse en un recurso valioso de expresión y transformación personal.

Cuando encaramos la ira como una oportunidad de crecimiento, fortalecemos nuestra habilidad de enfrentar desafíos con claridad y propósito. Este proceso nos enseña a cultivar relaciones más saludables, basadas en la empatía y en el respeto mutuo, al mismo tiempo que mejoramos nuestra capacidad de resolver conflictos. La ira, cuando es administrada sabiamente, se convierte en un combustible para la acción positiva y la superación de obstáculos.

Por último, aprender a gestionar la ira es una jornada de equilibrio y resiliencia. En este camino, descubrimos que la fuerza de esta emoción no necesita controlarnos, sino que puede ser guiada por nosotros, iluminando nuestros pasos hacia una vida más armoniosa y plena de propósito.

Capítulo 20
Superando la Tristeza

La tristeza emerge como un aspecto esencial de la experiencia humana, una respuesta emocional legítima y profundamente significativa ante pérdidas y desafíos. En vez de ser tratada como una carga o un obstáculo, la tristeza debe ser comprendida como un proceso natural de cura y transformación. Esta emoción, tan universal como única en cada individuo, lleva la capacidad de abrir puertas para reflexiones profundas, permitiendo un encuentro más íntimo con nuestras propias vulnerabilidades y fortalezas. Aceptar la tristeza es reconocer su función como un catalizador para la autocomprensión, un guía que nos conduce por un recorrido de autodescubrimiento y crecimiento emocional.

Lejos de ser una señal de debilidad, la tristeza puede ser vista como una invitación al equilibrio, una oportunidad de reevaluar prioridades y cultivar resiliencia. Cuando nos permitimos sentir plenamente la tristeza, en vez de suprimirla o combatirla, establecemos una conexión más auténtica con nosotros mismos y con el mundo a nuestro alrededor. En este estado de aceptación, la tristeza deja de ser un peso paralizante y se convierte en un elemento integrador, un momento de pausa necesario para recalibrar nuestras fuerzas frente a las adversidades.

El proceso de superar la tristeza involucra acogida y acción consciente. Es esencial reconocer el valor intrínseco de esta emoción, permitiendo que fluya sin miedo o resistencia. Más que solo superar, se trata de aprender a convivir y crecer con ella, transformándola en un recurso valioso de fortalecimiento interior. Al integrar la tristeza como parte de nuestra historia, logramos no solo atravesar los momentos difíciles, sino también construir una relación más rica y significativa con nuestra existencia.

Muchas veces, intentamos evitar la tristeza a toda costa, como si fuera una enemiga a ser combatida. Pero la tristeza no es una debilidad, sino una oportunidad de conectarnos con nuestra humanidad, de reconocer nuestras fragilidades y de fortalecernos frente a las adversidades. La tristeza nos enseña a valorar la vida, a cultivar la gratitud por los momentos felices y a encontrar belleza en las imperfecciones.

Superar la tristeza no significa olvidarla o fingir que no existe. Es sobre acoger el dolor, permitirse sentirlo plenamente y, poco a poco, transformarlo en aprendizaje y crecimiento. Es como navegar por un mar agitado, dejándose llevar por las olas de la emoción, pero manteniendo el timón firme en dirección a la calma.

Algunas estrategias para superar la tristeza:

Permitirse sentir la tristeza: No intente reprimir o ignorar la tristeza. Permítase sentirla plenamente, sin juicios o críticas. Llore si tiene ganas, hable sobre sus sentimientos con alguien de confianza o exprese su dolor a través del arte, la música o la escritura. Es como dar espacio para que la lluvia caiga, permitiendo que lave el alma y renueve las energías.

Cuidar de sí mismo: En los momentos de tristeza, es fundamental priorizar el autocuidado. Aliméntese de forma saludable, practique ejercicios físicos regularmente, duerma lo suficiente y reserve tiempo para actividades que le traigan placer y relajación. Es como ofrecer un abrazo caliente a sí mismo, nutrir el cuerpo y el alma con cariño y atención.

Cultivar la gratitud: Incluso en medio de la tristeza, procure concentrarse en las cosas buenas de la vida, en las personas que ama, en las experiencias positivas y en las pequeñas alegrías del día a día. La gratitud es como un faro que ilumina la oscuridad, recordándonos de la belleza y la abundancia que existen a nuestro alrededor.

Conectarse con los demás: Busque el apoyo de amigos, familiares o grupos de apoyo. Compartir sus sentimientos con personas que se preocupan por usted puede traer consuelo, alivio y una nueva perspectiva. Es como unirse a otras personas en un baile de la vida, compartiendo los pasos y apoyándose mutuamente en los momentos difíciles.

Encontrar significado en el dolor: La tristeza puede ser una oportunidad para la reflexión, el aprendizaje y el crecimiento personal. Procure encontrar significado en la experiencia dolorosa, extrayendo lecciones valiosas y transformando el dolor en fuerza y sabiduría. Es como transformar el carbón en diamante, lapidando el dolor a través de la reflexión y transformándolo en algo precioso y duradero.

Buscar ayuda profesional cuando sea necesario: Si la tristeza es persistente e intensa, impidiéndole vivir plenamente, no dude en buscar ayuda de un profesional de la salud mental. Es como procurar un médico para tratar una herida profunda, recibiendo los cuidados necesarios para la cura y la recuperación.

Superar la tristeza es un proceso de acogida y transformación que nos reconecta con la esencia de nuestra humanidad. Al permitir que se manifieste sin represión, reconocemos la riqueza de su mensaje, que nos invita a reflexionar sobre nuestras pérdidas, valores y la belleza presente incluso en los momentos desafiantes. Este encuentro con la tristeza no debilita, sino que fortalece, revelando capas de resiliencia que muchas veces desconocíamos.

Cuando abrazamos la tristeza como parte de nuestra jornada, descubrimos que también lleva semillas de renovación y aprendizaje. Cada lágrima, cada momento de introspección, nos acerca a una versión más consciente y auténtica de nosotros mismos. Así, la tristeza se transforma en un punto de partida para nuevas perspectivas, permitiendo que el crecimiento surja como una respuesta natural al dolor vivido.

Superar la tristeza no es sobre borrarla, sino integrarla a nuestro recorrido de vida con sabiduría y valentía. Al cuidar de nosotros mismos y buscar significado en nuestras experiencias, transformamos la tristeza en un guía que ilumina caminos de superación, autocomprensión y conexión más profunda con lo que realmente importa.

Capítulo 21
Venciendo el Miedo

El miedo es una fuerza primitiva y universal, presente en todos los seres humanos, desempeñando un papel esencial en nuestra supervivencia. Surge como una respuesta instintiva que nos alerta de potenciales amenazas y nos prepara para actuar, ya sea luchando o huyendo. Sin embargo, en su forma más intensa o desproporcionada, el miedo puede sobrepasar su propósito protector y transformarse en un obstáculo significativo. En vez de impulsarnos, puede limitarnos, bloqueando nuestra capacidad de explorar, crecer y vivir plenamente. Para superar el miedo, es necesario comprender su naturaleza, asumir una postura activa ante él y utilizarlo como un catalizador para el desarrollo personal y para la conquista de objetivos que, a primera vista, parecen inalcanzables.

Primero, es esencial reconocer el miedo como parte natural de la experiencia humana, permitiéndose acoger esta emoción sin juicios o resistencias. Cuando aceptamos el miedo, abrimos camino para entenderlo mejor, identificando sus orígenes y distinguiendo lo que es real de lo que es imaginado. Al hacer esto, comenzamos a reducir su poder de parálisis y nos colocamos en una posición más consciente y fortalecida.

Superar el miedo no es un acto de negación, sino de transformación. Deja de ser un monstruo incontrolable para convertirse en un adversario que podemos enfrentar y, eventualmente, superar.

Además, es fundamental adoptar estrategias prácticas y graduales para lidiar con los miedos específicos que nos impiden avanzar. Cada paso dado en dirección al enfrentamiento de estos temores es una victoria en sí, fortaleciendo nuestra autoconfianza y construyendo una base sólida para desafíos futuros. La práctica del autocuidado, el cultivo de pensamientos realistas y la búsqueda de apoyo social son herramientas poderosas que pueden ayudarnos a transitar con seguridad por el territorio incierto del miedo. En este proceso, aprendemos no solo a lidiar con nuestras vulnerabilidades, sino también a descubrir fuerzas que, hasta entonces, estaban ocultas.

Al percibir el miedo como una oportunidad de aprendizaje y crecimiento, transformamos lo que antes era un bloqueo en una palanca para la realización. Enfrentar el miedo es, en última instancia, un acto de coraje y amor propio, un paso esencial rumbo a la libertad interior y al alcance de nuestro verdadero potencial.

Sin embargo, cuando el miedo se torna excesivo y desproporcional a la amenaza real, puede transformarse en un obstáculo que nos impide vivir plenamente, de perseguir nuestros sueños y de alcanzar nuestro potencial. El miedo descontrolado puede aprisionarnos en una jaula de ansiedad, inseguridad y limitación. Es como si el dragón del miedo nos mantuviera encadenados en su caverna, impidiéndonos volar hacia la libertad.

Vencer el miedo no significa eliminarlo completamente, sino domarlo, transformándolo de un enemigo paralizante en un aliado que nos impulsa a superar los desafíos y a conquistar nuestros objetivos. Es como cabalgar el dragón del miedo, utilizando su fuerza y energía para alcanzar nuevas alturas.

Algunas estrategias para vencer el miedo:

Enfrentar el miedo de forma gradual: Comience enfrentando sus miedos en pequeñas dosis, aumentando gradualmente el nivel de exposición a la situación temida. Es como escalar una montaña paso a paso, conquistando cada etapa con seguridad y confianza, hasta llegar a la cima.

Cuestionar los pensamientos que alimentan el miedo: Muchas veces, el miedo es alimentado por pensamientos negativos e irracionales, que distorsionan la realidad y amplifican la sensación de peligro. Cuestione estos pensamientos, buscando evidencias que los confirmen o los nieguen, y sustitúyalos por pensamientos más realistas y positivos. Es como desenmascarar las ilusiones creadas por el dragón del miedo, revelando la verdad tras las sombras.

Desarrollar la autoconfianza: Crea en tu capacidad de lidiar con los desafíos y de superar los obstáculos. Recuerda tus conquistas pasadas, tus habilidades y tus recursos internos. La autoconfianza es como una espada afilada, capaz de cortar las cadenas del miedo y liberarnos de sus garras.

Visualizar el éxito: Imagínate enfrentando la situación temida con coraje y éxito, sintiendo la sensación de libertad y realización al superar el desafío. La visualización es como un mapa que nos guía hacia nuestro destino, mostrándonos el camino a seguir y inspirándonos a alcanzar nuestros objetivos.

Practicar técnicas de relajación: La respiración consciente, la meditación y otras técnicas de relajación pueden ayudar a calmar la mente y el cuerpo, reduciendo la ansiedad y el miedo. Es como crear un escudo protector contra el fuego del dragón, manteniéndonos seguros y protegidos en medio de las llamas.

Buscar apoyo social: Comparte tus miedos con personas de confianza, buscando apoyo, comprensión y ánimo. El apoyo social es como un ejército de aliados, que luchan a nuestro lado contra el dragón del miedo, dándonos fuerza y coraje para vencer la batalla.

Superar el miedo es una jornada que comienza con la aceptación y se fortalece con acción consciente. Reconocer el miedo como una parte legítima de la experiencia humana nos libera del peso del juicio, permitiéndonos que lo enfrentemos con coraje y determinación. Cada pequeño paso dado en dirección al enfrentamiento de nuestros miedos transforma lo que antes era una barrera en un trampolín para el crecimiento personal.

Esta caminata exige paciencia y la práctica de estrategias que promuevan la autoconfianza y el equilibrio emocional. Al cuestionar pensamientos negativos, visualizar el éxito y buscar apoyo social, cultivamos una base sólida para desafiar el miedo. Cada victoria, por menor que parezca, nos aproxima de una vida más plena, donde el miedo no nos paraliza, sino que nos impulsa a explorar nuestro potencial e ir más allá de los límites autoimpuestos.

    Enfrentar el miedo es, sobre todo, un acto de autocompasión y coraje. En este proceso, descubrimos que somos más fuertes de lo que imaginamos, y que el miedo, cuando es enfrentado, puede transformarse en una fuerza motriz para conquistar la libertad interior y realizar sueños que antes parecían inalcanzables.

Capítulo 22
Autocompasión

La autocompasión es la práctica de ofrecerse a sí mismo el mismo cuidado y apoyo que naturalmente demostraría a un amigo querido en un momento de dificultad. Cuando nos topamos con errores, fracasos o desafíos, es esencial cultivar una actitud de bondad y comprensión hacia nosotros mismos, en vez de entregarnos a la autocrítica severa. Esta aproximación nos ayuda a enfrentar el sufrimiento de forma más saludable, reconociendo nuestra humanidad compartida y permitiéndonos crecer a partir de las experiencias vividas.

Adoptar la autocompasión significa reconocer que el dolor y las fallas son partes inevitables del viaje humano, y que esto no nos hace menos valiosos. En lugar de hundirnos en sentimientos de inadecuación, podemos apoyarnos emocionalmente, tratando nuestros momentos de vulnerabilidad como oportunidades de aprendizaje y fortalecimiento. Así como ofreceríamos un abrazo acogedor a alguien que amamos, podemos ser nuestra propia fuente de consuelo, aceptando nuestras imperfecciones con empatía y comprensión.

Cuando practicamos la autocompasión, estamos fortaleciendo nuestra resiliencia emocional y ampliando nuestra capacidad de enfrentar adversidades. Esta práctica no es solo un acto de autocuidado, sino un compromiso con el desarrollo de una relación más saludable y equilibrada con nosotros mismos. En última instancia, la autocompasión nos ayuda a vivir con más autenticidad, reconociendo que somos dignos de amor y aceptación exactamente como somos.

La autocompasión es como un abrazo acogedor que nos ofrecemos en los momentos de dificultad, un bálsamo que calma las heridas emocionales y nos fortalece para seguir adelante. Es tratarse a sí mismo con la misma bondad, comprensión y aceptación que ofrecería a un amigo querido.

En una sociedad que muchas veces valora la autocrítica y la búsqueda por la perfección, podemos desarrollar un crítico interno despiadado, que nos juzga, nos culpa y nos disminuye ante cualquier error o falla. Esta voz interior negativa puede llevarnos a la auto-sabotaje, a la ansiedad y a la depresión.

La autocompasión es el antídoto para esta autocrítica destructiva. Es como silenciar la voz del juicio y sustituirla por una voz de apoyo, comprensión y aceptación. Es reconocer que todos somos imperfectos, que cometemos errores y que enfrentamos dificultades, y que esto no nos hace menos dignos de amor y compasión.

Los tres componentes de la autocompasión:

Autobondad: Tratar a sí mismo con gentileza y comprensión, en lugar de autocrítica y juicio. Es como ser un buen amigo para sí mismo, ofreciendo apoyo y ánimo en los momentos difíciles.

Humanidad compartida: Reconocer que el sufrimiento forma parte de la experiencia humana, que todos pasamos por momentos difíciles y que no estamos solos en nuestro dolor. Es como conectar con la gran red de la vida, reconociendo que todos estamos interconectados y que compartimos las mismas alegrías y tristezas.

Mindfulness: Observar los propios pensamientos y emociones con claridad y aceptación, sin identificarse con ellos o dejarse llevar por ellos. Es como ser un observador curioso e imparcial de la propia experiencia, sin juicios o reacciones impulsivas.

La práctica de la autocompasión es un acto de coraje que nos permite transformar la relación con nosotros mismos. Cuando nos tratamos con gentileza y aceptamos nuestra humanidad compartida, rompemos el ciclo de la autocrítica y abrimos espacio para el autocuidado y el crecimiento. Este acogimiento interno no solo alivia el sufrimiento, sino que también nos da fuerza para enfrentar los desafíos con resiliencia y serenidad.

Al cultivar la autocompasión, aprendemos que nuestras imperfecciones no nos definen, sino la forma en que elegimos lidiar con ellas. Esta práctica nos enseña a buscar aprendizaje en vez de perfección, y a encontrar un equilibrio entre el esfuerzo por mejoras y la aceptación de quienes somos. En este proceso, nos volvemos no solo más amables con nosotros mismos, sino también más capaces de extender esta gentileza a los demás.

Vivir con autocompasión es abrazar nuestro viaje con autenticidad y respeto, reconociendo que somos dignos de amor en todas nuestras fases. Es a través de esta práctica que nos fortalecemos emocionalmente, vivimos con más ligereza y creamos un espacio interno donde la cura, la alegría y el autodesarrollo pueden florecer.

Capítulo 23
Perdón

El perdón es como la llave que libera un alma aprisionada por el peso del resentimiento y el dolor. Nos invita a soltar las amarras emocionales que nos impiden vivir plenamente, permitiendo que la paz interior y la libertad tomen el lugar del sufrimiento. Así como un pájaro recupera sus alas al salir de una jaula, la práctica del perdón transforma nuestra relación con el pasado, no borrando los errores o justificando las ofensas, sino liberándonos de la carga que representan.

Es un gesto de profunda valentía, un acto de amor propio que involucra reconocer el dolor, enfrentarlo y elegir conscientemente no dejar que defina nuestras vidas. Al perdonar, abrimos camino para la cura y el crecimiento, creando espacio para nuevas posibilidades y una conexión más genuina con nosotros mismos y con los demás. Perdonar no elimina la memoria de lo que aconteció, pero resignifica el impacto de ese pasado, permitiéndonos caminar con ligereza hacia el futuro.

Cuando perdonamos, rompemos las cadenas invisibles que nos atan a las heridas y rencores, sustituyendo estos sentimientos por comprensión y compasión. Es un proceso gradual que exige paciencia y dedicación, pero que recompensa con la sensación de alivio y de reconexión con nuestro propósito y nuestra paz interior. El perdón, en su esencia, es una elección poderosa de libertad, que transforma tanto a quien lo concede como a quien lo recibe.

El perdón es un acto de coraje y compasión, que nos libera de las amarras del pasado y nos permite seguir adelante con ligereza y serenidad. Es una elección consciente de abandonar el resentimiento, la ira y el deseo de venganza, abriendo espacio para la cura, la reconciliación y el crecimiento personal.

Perdonar no significa olvidar o justificar la ofensa, sino liberarse del peso del dolor y del sufrimiento que causa. Es como soltar las piedras que cargamos en nuestras espaldas, permitiéndonos caminar con más ligereza y libertad.

El perdón es un regalo que nos damos a nosotros mismos, una oportunidad de liberarnos del cautiverio del pasado y de construir un futuro más positivo y prometedor. Es como abrir las ventanas del alma, dejando entrar la luz de la compasión, de la cura y de la paz.

Perdonar a sí mismo:

Muchas veces, somos nuestros mayores críticos, culpándonos y juzgándonos por errores del pasado. La autocompasión y el perdón a sí mismo son esenciales para liberarnos de la culpa y la vergüenza, abriendo camino para el aprendizaje y el crecimiento. Es como ofrecernos a nosotros mismos la misma comprensión y gentileza que ofreceríamos a un amigo querido.

Perdonar a los demás:

Perdonar a aquellos que nos hirieron puede ser un desafío, pero es un paso esencial para la cura y la libertad emocional. Al perdonar a los demás, nos liberamos del resentimiento y la ira, abriendo espacio para la compasión y la reconciliación. Es como quebrar las cadenas que nos atan al pasado, permitiéndonos seguir adelante con ligereza y serenidad.

El perdón es una jornada de liberación que comienza dentro de nosotros mismos. Al elegir perdonar, no estamos borrando lo que sucedió, sino resignificando el impacto que los eventos tuvieron en nuestra vida. Esta práctica nos enseña a soltar el peso del pasado, permitiendo que el presente sea vivido con más claridad y ligereza. El perdón, tanto para los demás como para nosotros mismos, es un acto profundo de amor propio y una herramienta esencial para la cura emocional.

Cuando perdonamos, abrimos espacio para sentimientos más constructivos, como la compasión y la gratitud. Este cambio nos permite reconectar con nuestra esencia, fortaleciendo la resiliencia y ampliando nuestra capacidad de amar y aceptar, tanto las imperfecciones del mundo como las nuestras propias. Es en este movimiento que encontramos no solo alivio, sino también la fuerza necesaria para transformar el dolor en aprendizaje.

Al practicar el perdón, damos un paso poderoso en dirección a la paz interior. Este acto nos enseña que el pasado no necesita dictar nuestro futuro y que, al soltar las cadenas de la herida, ganamos la libertad de vivir de forma más plena y verdadera. Así, el perdón se convierte en un regalo que nos ofrecemos a nosotros mismos, un portal para la cura y una invitación a la renovación.

Capítulo 24
Gratitud

La gratitud es un sentimiento poderoso que nos conecta con la esencia de las cosas buenas que experimentamos en nuestras vidas. Piensa en cada experiencia positiva, en cada gesto de bondad, como un fragmento precioso que compone el mosaico de nuestra existencia. Reconocer estas piezas, valorando su impacto en nuestra jornada, es lo que da vida a la práctica de la gratitud. Más que una simple respuesta emocional, es un estado de consciencia que nos permite ver más allá de lo cotidiano, revelando la belleza y la riqueza escondidas en cada detalle de nuestra realidad.

La gratitud funciona como un catalizador de emociones positivas, ampliando nuestro sentido de conexión y pertenencia. Cuando reflexionamos sobre los momentos que nos trajeron alegría o aprendizaje, fortalecemos nuestra habilidad de encontrar significado incluso en las situaciones desafiantes. Este reconocimiento genuino no solo realza los aspectos luminosos de nuestra trayectoria, sino que también nutre la capacidad de transformar adversidades en oportunidades de crecimiento. Es un proceso que nos invita a revisitar el presente con una mirada renovada, cultivando serenidad y resiliencia.

La práctica continua de la gratitud nos enseña que cada detalle - desde un gesto simple de gentileza hasta los encuentros que moldean nuestra historia - tiene un papel fundamental en nuestro bienestar. A través de ella, descubrimos que la verdadera abundancia no reside solo en los grandes hechos o conquistas, sino en los instantes aparentemente ordinarios que, al ser valorados, se revelan extraordinarios. Así, al incorporar la gratitud como parte integral de nuestra perspectiva, no solo reconocemos las bendiciones que nos rodean, sino que también nos volvemos más receptivos a nuevas experiencias y posibilidades.

La gratitud es una emoción positiva que surge cuando reconocemos y valoramos las cosas buenas que tenemos en nuestra vida, sean ellas grandes o pequeñas. Es una actitud de reconocimiento por las dádivas que recibimos, por las personas que nos aman, por las experiencias que nos enriquecen y por las oportunidades que se presentan en nuestro camino.

Cultivar la gratitud es como nutrir el suelo de ese jardín interior, permitiendo que las flores de la alegría, la paz y el bienestar florezcan con más intensidad. Es como abrir el corazón para recibir las bendiciones de la vida, reconociendo la abundancia que nos rodea y cultivando una actitud de aprecio y contentamiento.

Los beneficios de la gratitud:

Aumento de la felicidad y el bienestar: Las personas agradecidas tienden a ser más felices, optimistas y satisfechas con la vida. La gratitud nos ayuda a enfocar en las cosas buenas, a valorar lo que tenemos y a cultivar una perspectiva positiva.

Mejora de las relaciones: La gratitud fortalece los lazos afectivos, aumenta la empatía y promueve la generosidad. Cuando somos agradecidos por las personas en nuestra vida, nos sentimos más conectados a ellas y más motivados a cultivar relaciones saludables y positivas.

Reducción del estrés y la ansiedad: La gratitud nos ayuda a lidiar con las adversidades, a superar los desafíos y a encontrar paz interior. Cuando somos agradecidos, nos concentramos en las bendiciones de la vida, lo que nos ayuda a mantener la calma y la serenidad incluso en momentos difíciles.

Mejora de la salud física y mental: Estudios muestran que la gratitud está asociada a una serie de beneficios para la salud, como la reducción de la presión arterial, el fortalecimiento del sistema inmunológico, la mejora del sueño y la reducción de los síntomas de depresión y ansiedad.

Cómo cultivar la gratitud:

Mantener un diario de la gratitud: Reserva algunos minutos por día para escribir sobre las cosas por las cuales estás agradecido. Puede ser algo simple, como un día soleado, un gesto de cariño de un amigo o una comida deliciosa.

Expresar gratitud a las personas: Agradece a las personas que forman parte de tu vida, expresando tu aprecio por su presencia, su apoyo y su amor. Un simple "gracias" puede hacer una gran diferencia en la vida de alguien.

Practicar la atención plena: Presta atención a las pequeñas cosas del día a día, a los detalles que muchas veces pasan desapercibidos, como el canto de los pájaros, el olor de la lluvia o el sabor de una fruta fresca. La atención plena nos ayuda a reconocer la belleza y la abundancia que nos rodea.

Cultivar una actitud de aprecio: Valora las cosas que tienes, en lugar de concentrarte en aquello que te falta. Recuerda que muchas personas en el mundo no tienen acceso a las mismas oportunidades y privilegios que tú.

La gratitud es una práctica transformadora que nos enseña a valorar la belleza en las cosas simples y a encontrar significado en cada aspecto de nuestras vidas. Al reconocer lo que ya tenemos y las experiencias que nos moldearon, cultivamos un estado de contentamento que transciende las circunstancias externas. Esta práctica continua fortalece nuestro corazón, abriendo espacio para la alegría y la resiliencia frente a los desafíos.

Incorporar la gratitud en nuestra rutina es una invitación a vivir con más presencia y conexión. Ya sea al mantener un diario de gratitud, expresar aprecio a las personas a nuestro alrededor u observar con atención los detalles cotidianos, descubrimos que la abundancia está menos en las cosas materiales y más en el modo como percibimos y valoramos nuestra jornada. La gratitud nos recuerda que cada momento tiene su valor único e irrecuperable.

Por último, cultivar la gratitud es una elección que amplifica nuestro bienestar y nos conecta con la esencia de lo que realmente importa. Al vivir con un corazón agradecido, no solo celebramos las bendiciones que ya recibimos, sino que también nos volvemos más abiertos para recibir nuevas dádivas de la vida, creando un ciclo continuo de alegría y crecimiento.

Capítulo 25
Pensamiento Positivo

El pensamiento positivo es la base de una mentalidad que transforma la manera como vivimos el día a día, iluminando nuestra mente con esperanza, optimismo y autoconfianza. Actúa como una fuerza interna capaz de nutrir nuestra perspectiva ante las dificultades, permitiéndonos ver posibilidades donde antes parecía haber solo obstáculos. Tal como un jardinero que cuida el suelo para que florezcan las mejores semillas, el cultivo de pensamientos positivos exige atención, dedicación y elecciones conscientes. Esta práctica no niega la existencia de desafíos; al contrario, los reconoce como oportunidades de crecimiento y aprendizaje, promoviendo una transformación interna que se refleja en todas las áreas de la vida.

Más que un estado de ánimo pasajero, el pensamiento positivo es una postura activa, una decisión diaria de enfocar en los recursos disponibles, en las soluciones posibles y en los aspectos favorables de cada situación. Al adoptar esta aproximación, creamos un espacio mental donde la gratitud, la confianza y la alegría pueden prosperar, permitiéndonos enfrentar las adversidades con más claridad y equilibrio. Es como si estuviéramos ajustando las lentes con las que vemos el mundo, filtrando el exceso de negativismo y dejando pasar las luces de esperanza y motivación que alimentan nuestra capacidad de actuar y transformar.

Con esto, el pensamiento positivo deja de ser solo una práctica personal y se convierte en una fuerza poderosa para la construcción de una vida más satisfactoria y significativa. Potencializa nuestra resiliencia, mejora nuestra salud física y mental y contribuye al fortalecimiento de los vínculos en nuestros relacionamientos. Más aún, nos inspira a avanzar con coraje y creatividad, explorando caminos innovadores y abrazando nuevas posibilidades. Así, la decisión de cultivar una mentalidad positiva no es solo un ejercicio de bienestar inmediato, sino una inversión a largo plazo en el desarrollo de una existencia plena, armoniosa y conectada con nuestras aspiraciones más profundas.

El pensamiento positivo es una perspectiva mental que se concentra en los aspectos favorables de la vida, en las posibilidades, en las soluciones y en los recursos disponibles. Es una forma de ver el mundo con lentes color de rosa, filtrando el negativismo y la desesperanza, y abriendo espacio para la alegría, la gratitud y el optimismo.

Cultivar el pensamiento positivo no significa ignorar los problemas o fingir que la vida es perfecta. Se trata de elegir enfocarse en las oportunidades, en las soluciones y en los aprendizajes que cada situación, por más desafiante que sea, puede ofrecernos. Es como ser un alquimista que transforma el plomo de las dificultades en oro de la sabiduría y del crecimiento.

Los beneficios del pensamiento positivo:

Aumento de la resiliencia: Las personas con una mentalidad positiva tienden a ser más resilientes, superando las adversidades con más facilidad y aprendiendo de las experiencias difíciles. El pensamiento positivo nos da fuerza para seguir adelante, incluso cuando el camino es arduo y lleno de obstáculos.

Mejora de la salud física y mental: Estudios muestran que el pensamiento positivo está asociado a una serie de beneficios para la salud, como la reducción del estrés, el fortalecimiento del sistema inmunológico, la mejora del sueño y la reducción de los síntomas de depresión y ansiedad.

Aumento de la creatividad y la productividad: El pensamiento positivo estimula la creatividad, la innovación y la búsqueda de soluciones. Cuando creemos en nuestro potencial y en las posibilidades que se presentan, nos sentimos más motivados a actuar, a crear y a producir.

Mejora de las relaciones: El pensamiento positivo nos vuelve más agradables, optimistas y receptivos a los otros. Cuando cultivamos una mentalidad positiva, atraemos personas y relaciones positivas para nuestra vida.

Cómo cultivar el pensamiento positivo:

Identificar y desafiar los pensamientos negativos: Presta atención a los pensamientos que surgen en tu mente e identifica aquellos que son negativos, pesimistas o autocríticos. Cuestiona estos pensamientos, buscando evidencias que los confirmen o los nieguen, y reemplázalos por pensamientos más realistas y positivos.

Practicar la gratitud: Concéntrate en las cosas buenas que tienes en tu vida, en las personas que amas, en las experiencias positivas y en las pequeñas alegrías del día a día. La gratitud es un antídoto poderoso contra el negativismo y la desesperanza.

Visualizar el éxito: Imagínate alcanzando tus objetivos, superando los desafíos y viviendo la vida que deseas. La visualización creativa es una herramienta poderosa para programar la mente para el éxito y atraer resultados positivos.

Rodearse de personas positivas: Busca la compañía de personas optimistas, alegres e inspiradoras. La energía positiva es contagiosa, y estar rodeado de personas positivas puede ayudarte a cultivar una mentalidad más optimista.

Cuidar la salud física y mental: Una alimentación saludable, la práctica regular de ejercicios físicos, el sueño adecuado y las técnicas de relajación, como la meditación y la respiración consciente, son fundamentales para mantener el equilibrio emocional y cultivar una mentalidad positiva.

El pensamiento positivo es una herramienta poderosa que nos permite transformar desafíos en oportunidades y adversidades en aprendizaje. Cultivar esta perspectiva nos ayuda a encontrar equilibrio y fuerza incluso en los momentos más difíciles, guiándonos hacia soluciones creativas y un sentido renovado de propósito. Así, el optimismo no es solo un estado de ánimo, sino una elección diaria que alimenta nuestro bienestar y potencializa nuestras acciones.

Al incorporar el pensamiento positivo en nuestra rutina, ajustamos la manera como interactuamos con el mundo, fortaleciendo nuestros vínculos y promoviendo una aproximación más constructiva ante las situaciones. Esta práctica nos inspira a avanzar con confianza y determinación, creando un ciclo de resiliencia, crecimiento y gratitud que nos conecta con lo mejor de nosotros mismos y de los otros.

La decisión de cultivar el pensamiento positivo no es solo un acto de autocuidado, sino un compromiso con una vida más armoniosa y satisfactoria. Al elegir ver el lado luminoso de las experiencias, plantamos las semillas para una existencia rica en significado, donde cada desafío se convierte en una oportunidad de florecer y alcanzar nuevas posibilidades.

Capítulo 26
Gestión Emocional en las Relaciones

Las relaciones interpersonales pueden ser comparadas a un jardín que florece con diversidad, cada flor representando un aspecto único de nuestras conexiones humanas. Para que este jardín prospere, es esencial dedicar cuidado, atención y nutrir las interacciones con actitudes positivas y reflexivas. La gestión emocional surge como la principal herramienta para promover este cuidado, permitiéndonos manejar conflictos, fomentar la empatía y crear un ambiente fértil para el fortalecimiento de vínculos.

Al aplicar los principios de la gestión emocional, adquirimos la capacidad de transformar los desafíos en oportunidades de crecimiento mutuo. Cada interacción puede ser encarada como una invitación para ejercitar la comprensión, expresar necesidades de forma respetuosa y practicar la paciencia. Así, los lazos de confianza y afecto son cultivados con firmeza, incluso en terrenos que inicialmente parezcan áridos o difíciles de manejar.

De esta forma, aprender a gestionar emociones no es solo una habilidad, sino una inversión continua que se refleja directamente en la calidad de nuestras relaciones amorosas, familiares, de amistad o profesionales. Con dedicación, construimos un espacio armonioso donde el intercambio genuino y la comprensión mutua se convierten en los frutos más preciados de nuestro cultivo emocional.

En las relaciones, sean ellas amorosas, familiares, de amistad o profesionales, las emociones desempeñan un papel fundamental. Influyen en la forma como nos comunicamos, como lidiamos con los conflictos y como construimos lazos de afecto y confianza. La gestión emocional nos permite navegar por las complejas dinámicas de las relaciones con más consciencia, equilibrio y sabiduría.

Algunos principios de la gestión emocional en las relaciones:

Autoconocimiento: Comprender las propias emociones, necesidades y límites es el primer paso para construir relaciones saludables. Es como conocer el suelo de nuestro propio jardín, para que podamos cultivar las plantas correctas y ofrecerles los nutrientes adecuados.

Empatía: Ponerse en el lugar del otro, comprendiendo sus emociones, necesidades y perspectivas, es esencial para crear conexiones genuinas y fortalecer los lazos afectivos. Es como sintonizar con la melodía del corazón del otro, creando una armonía que enriquece la relación.

Comunicación asertiva: Expresar las propias necesidades y opiniones de forma clara, respetuosa y auténtica es fundamental para evitar malentendidos y construir relaciones basadas en la confianza y la reciprocidad. Es como usar un lenguaje común, que permite que ambos lados se comprendan y se conecten.

Gestión de conflictos: Los conflictos son inevitables en cualquier relación, pero la forma como lidiamos con ellos puede fortalecer o debilitar los lazos. La gestión emocional nos permite enfrentar los conflictos con calma, respeto y una búsqueda por soluciones que atiendan a ambos lados. Es como podar las hierbas dañinas del jardín, sin dañar las flores delicadas.

Perdón y reconciliación: Errar es parte de la naturaleza humana, y en las relaciones, el perdón y la reconciliación son esenciales para superar las heridas y restaurar la armonía. Es como abonar el suelo del jardín después de una tormenta, permitiendo que las flores vuelvan a florecer con más vigor.

La gestión emocional en las relaciones es un proceso continuo de cuidado y perfeccionamiento, que permite transformar cada interacción en una oportunidad de conexión más profunda y significativa. Al cultivar el autoconocimiento, la empatía y la comunicación asertiva, creamos un terreno fértil para que los vínculos crezcan con respeto y autenticidad, incluso en medio de los desafíos naturales de la convivencia.

Al lidiar con los conflictos de forma equilibrada y buscar la reconciliación a través del perdón, abrimos espacio para que las relaciones no solo sobrevivan, sino que prosperen. Estas prácticas fortalecen la confianza y crean un ambiente donde las emociones pueden ser expresadas y comprendidas de manera saludable, reforzando la importancia del diálogo y la colaboración.

La gestión emocional en las relaciones es, sobre todo, un acto de amor — por nosotros mismos y por los otros. Es el compromiso de nutrir cada lazo con atención y respeto, permitiendo que el jardín de nuestras conexiones florezca con armonía y belleza, incluso frente a las adversidades que surgen por el camino.

Capítulo 27
Gestión Emocional en la Familia

La familia es el pilar fundamental para el desarrollo humano, un espacio donde aprendemos las bases de las emociones, la convivencia y el afecto. En este núcleo, las interacciones diarias moldean nuestra capacidad de lidiar con los sentimientos, resolver conflictos y construir relaciones saludables. Así como una planta necesita cuidados constantes para crecer y florecer, la convivencia familiar requiere atención deliberada para que sus relaciones se fortalezcan. Al comprender y practicar la gestión emocional en el día a día, es posible transformar la dinámica familiar en un ambiente de crecimiento mutuo, respeto y amor genuino.

La gestión emocional en el contexto familiar exige que cada miembro asuma un papel activo en la promoción de interacciones más conscientes y compasivas. Esto implica cultivar hábitos que valoricen la comunicación abierta y el reconocimiento de las emociones, tanto las propias como las ajenas. En vez de reprimir conflictos o emociones difíciles, es necesario encararlos como oportunidades de aprendizaje, fortaleciendo los lazos y creando una atmósfera de seguridad emocional. Tal abordaje garantiza que todos, desde los niños hasta los adultos, se sientan respetados y apoyados en su jornada de desarrollo personal.

Al cuidar las relaciones familiares con empatía y responsabilidad, estamos también invirtiendo en un legado emocional positivo para las generaciones futuras. Niños que crecen en ambientes emocionalmente saludables aprenden a construir relaciones más equilibradas y a enfrentar desafíos con resiliencia. Padres y cuidadores, a su vez, tienen la oportunidad de influenciar directamente en la creación de una base sólida de amor y respeto, que se reflejará en sus propias vidas y en la sociedad como un todo. Por eso, la gestión emocional en la familia no es apenas una práctica individual, sino un compromiso colectivo que transforma y enriquece la vida de todos los involucrados.

La gestión emocional en la familia es como el arte de la jardinería aplicada a las relaciones familiares. Es aprender a identificar las necesidades de cada miembro, a nutrir el suelo de la comunicación, a podar las ramas de los conflictos y a cosechar los frutos del amor, del respeto y de la armonía.

Cultivando la inteligencia emocional en la familia:

Comunicación afectiva: Expresar amor, cariño y aprecio los unos por los otros es fundamental para crear un clima de afecto y seguridad en la familia. Es como regar el jardín con palabras de aliento, gestos de cariño y abrazos fuertes.

Escucha activa: Escuchar con atención, sin juicios ni interrupciones, es esencial para comprender las emociones y necesidades de cada miembro de la familia. Es como inclinarse para escuchar el murmullo del viento entre las hojas, captando los mensajes sutiles que trae.

Empatía: Ponerse en el lugar del otro, intentando comprender sus sentimientos y perspectivas, es fundamental para construir puentes de conexión y resolver conflictos de forma pacífica. Es como ponerse en la piel de la flor que se abre al sol, sintiendo su fragilidad y su fuerza.

Gestión de conflictos: Desacuerdos y conflictos son inevitables en cualquier familia, pero la forma en que lidiamos con ellos puede fortalecer o debilitar los lazos familiares. Es importante aprender a expresar las emociones de forma asertiva, a negociar y a buscar soluciones que atiendan a las necesidades de todos. Es como podar las ramas que crecen de forma desordenada, sin herir el tronco del árbol.

Establecimiento de límites: Definir límites claros y coherentes es esencial para el desarrollo saludable de todos los miembros de la familia. Es como construir una cerca alrededor del jardín, protegiéndolo de amenazas externas y permitiendo que las plantas crezcan con seguridad.

Tradiciones y rituales familiares: Crear tradiciones y rituales familiares, como cenar juntos, celebrar fechas especiales o compartir momentos de ocio, fortalece los lazos afectivos y crea memorias positivas. Es como decorar el jardín con elementos que traen belleza, significado y personalidad.

Tiempo de calidad: Reservar tiempo para convivir, jugar y divertirse juntos es esencial para nutrir las relaciones familiares. Es como sentarse a la sombra de un árbol frondoso en el jardín, apreciando la belleza del momento presente y la compañía de aquellos que amamos.

La gestión emocional en la familia es una práctica continua de cuidado y conexión que transforma el hogar en un ambiente de crecimiento mutuo y amor incondicional. Al cultivar la comunicación afectiva, la escucha activa y la empatía, creamos un espacio donde cada miembro puede sentirse acogido y valorado, permitiendo que la convivencia se torne más armoniosa y enriquecedora.

Cuando enfrentamos los desafíos familiares con paciencia y compromiso, aprendemos a transformar los conflictos en oportunidades de aprendizaje y fortalecimiento de los lazos. Cada gesto de comprensión, cada límite establecido con respeto y cada tradición cultivada refuerzan la base emocional que sustenta a la familia, creando un legado de amor y resiliencia para las próximas generaciones.

Invertir en la gestión emocional en el contexto familiar es un acto de transformación colectiva que se refleja en cada aspecto de la vida. Al nutrir estas relaciones con cuidado y atención, no solo fortalecemos el núcleo familiar, sino que también contribuimos a formar individuos más empáticos, resilientes y preparados para construir un mundo más equilibrado y compasivo.

Capítulo 28
Gestión Emocional en el Trabajo

El ambiente de trabajo es un espacio donde las emociones desempeñan un papel central, influenciando directamente las interacciones y los resultados obtenidos. Cada profesional es parte de un ecosistema dinámico, donde la forma como las emociones son gestionadas puede determinar el éxito individual y colectivo. La gestión emocional emerge, en este contexto, como una habilidad esencial, capaz de transformar desafíos cotidianos en oportunidades para el crecimiento y la superación. Reconocer el impacto de las emociones en el ambiente corporativo es el primer paso para cultivar resiliencia, fortalecer relaciones interpersonales e impulsar la productividad.

Diariamente, los profesionales enfrentan presiones como plazos desafiantes, cambios inesperados y la necesidad de equilibrar metas ambiciosas con demandas personales. En estas situaciones, la gestión emocional funciona como un guía, ayudando a identificar y regular las propias emociones y a responder a las de los otros con empatía y asertividad. Esta competencia no solo promueve el equilibrio interno, sino que también fortalece el sentido de equipo, facilitando la comunicación clara, la colaboración eficaz y la resolución constructiva de conflictos.

Al integrar la inteligencia emocional en el ambiente corporativo, es posible crear una cultura organizacional más saludable y comprometida. Esto implica cultivar el autoconocimiento para entender reacciones automáticas, adoptar prácticas que minimicen el estrés y desarrollar un estilo de liderazgo que inspire confianza y motivación. Así, el lugar de trabajo deja de ser un espacio meramente funcional y se transforma en un ambiente donde el potencial humano es plenamente explorado, promoviendo realizaciones profesionales alineadas al bienestar emocional.

En el ambiente de trabajo, estamos constantemente expuestos a situaciones que desafían nuestro equilibrio emocional: plazos ajustados, metas desafiantes, competencia intensa, conflictos interpersonales, cambios inesperados. La gestión emocional nos permite navegar por estos desafíos con más serenidad, resiliencia e inteligencia.

Dominando el escenario profesional con inteligencia emocional:

Autoconocimiento: Comprender las propias emociones, detonantes y patrones de comportamiento es esencial para identificar los puntos fuertes y débiles, y desarrollar estrategias para lidiar con las presiones del trabajo. Es como conocer el propio personaje, sus motivaciones, sus miedos y sus deseos, para interpretarlo con autenticidad y maestría.

Gestión del estrés: Desarrollar mecanismos para lidiar con el estrés, como técnicas de relajación, organización del tiempo y cultivo de hábitos saludables, es fundamental para mantener el equilibrio emocional y la productividad en alto. Es como preparar el cuerpo y la mente para la actuación, asegurando que el actor tenga energía y enfoque para brillar en el escenario.

Comunicación asertiva: Comunicarse de forma clara, directa y respetuosa, expresando ideas, opiniones y necesidades de forma constructiva, es esencial para construir relaciones profesionales saludables y productivas. Es como dominar el arte del diálogo, usando la voz y el lenguaje corporal para transmitir mensajes con claridad e impacto.

Trabajo en equipo: Colaborar con colegas, compartiendo responsabilidades, respetando las diferencias y buscando soluciones en conjunto, es esencial para el éxito de cualquier equipo. Es como crear una sinfonía en el escenario, donde cada instrumento contribuye a la armonía del conjunto.

Liderazgo compasivo: Líderes que inspiran, motivan y apoyan a sus equipos, creando un ambiente de trabajo positivo y colaborativo, tienden a alcanzar resultados extraordinarios. Es como ser el director de orquesta, guiando a los músicos con pasión y precisión, extrayendo lo mejor de cada uno.

Gestión de conflictos: Los conflictos son inevitables en el ambiente de trabajo, pero la forma en que lidiamos con ellos puede marcar la diferencia entre el éxito y el fracaso. La gestión emocional nos permite enfrentar los conflictos de forma constructiva, buscando soluciones que beneficien a todos los involucrados. Es como transformar el conflicto en una oportunidad de crecimiento, aprendizaje y perfeccionamiento.

La gestión emocional en el trabajo es una habilidad transformadora que nos capacita para enfrentar los desafíos del ambiente corporativo con equilibrio y propósito. Al desarrollar el autoconocimiento, mejoramos nuestra capacidad de comprender y regular nuestras reacciones emocionales, haciéndonos más resilientes ante las presiones diarias. Esta práctica no solo fortalece nuestro desempeño individual, sino que también promueve un clima organizacional más saludable y colaborativo.

Al adoptar una comunicación asertiva y cultivar el trabajo en equipo, creamos un espacio donde las ideas fluyen libremente, las relaciones prosperan y los objetivos se alcanzan con eficiencia. Los líderes que integran la gestión emocional en su estilo de liderazgo inspiran confianza y motivación, transformando sus equipos en verdaderos motores de innovación y resultados sostenibles.

La práctica de la gestión emocional en el trabajo es, sobre todo, una inversión en el bienestar y el potencial humano. Nos enseña que es posible equilibrar metas ambiciosas con calidad de vida, transformando el lugar de trabajo en un ambiente de aprendizaje, crecimiento y realización, donde cada desafío se convierte en una oportunidad de progreso colectivo y personal.

Capítulo 29
Gestión Emocional en la Educación

El aula es un ambiente donde el aprendizaje se construye con base en la interacción entre emociones y conocimiento. Aquí, las emociones no son solo influencias pasajeras; moldean directamente la capacidad de concentración, la retención de información y la motivación de los estudiantes. La gestión emocional, en este contexto, asume un papel fundamental, funcionando como un cimiento que fortalece los vínculos interpersonales y potencia la curiosidad y el entusiasmo. Mediante prácticas intencionales, crea un espacio de confianza y colaboración, donde cada alumno es alentado a explorar sus habilidades y a desarrollar plenamente su potencial.

Este proceso va más allá de la simple aplicación de metodologías de enseñanza; involucra la creación de un clima emocionalmente seguro, donde los estudiantes se sientan cómodos para expresar sus ideas y emociones. Cuando las emociones son comprendidas y respetadas, se vuelve posible canalizarlas de manera positiva, transformando desafíos en oportunidades de crecimiento. Así, el aula se convierte en un lugar donde los intercambios de experiencias y las relaciones interpersonales crean un suelo fértil para el florecimiento del aprendizaje. Cada interacción, ya sea entre alumnos o entre profesores y estudiantes, contribuye a construir un ambiente basado en la empatía y el respeto mutuo.

Al integrar la gestión emocional como parte central de la práctica educacional, no solo se promueve el desempeño académico, sino también el desarrollo de competencias sociales y emocionales esenciales para la vida. La capacidad de reconocer, comprender y regular las emociones es una habilidad que beneficia a los estudiantes dentro y fuera de la escuela, preparándolos para enfrentar desafíos con resiliencia y construir relaciones más saludables. De esta forma, la gestión emocional transforma el aula en un espacio dinámico e inclusivo, donde el aprendizaje se ve como un proceso continuo, interconectado a las vivencias emocionales y al crecimiento personal de cada individuo.

La gestión emocional en la educación va más allá de la enseñanza de contenidos académicos. Se trata de ofrecer a niños y adolescentes las herramientas necesarias para que comprendan y lidien con sus emociones, desarrollen la empatía, construyan relaciones saludables y se conviertan en adultos resilientes, responsables y felices.

Cultivando la inteligencia emocional en las escuelas:

Crear un ambiente emocionalmente seguro: Un ambiente escolar acogedor, respetuoso y libre de acoso es esencial para que los alumnos se sientan seguros para expresar sus emociones, compartir sus ideas y buscar ayuda cuando la necesitan. Es como construir un invernadero protegido, donde las plantitas pueden crecer sin miedo a las inclemencias del tiempo.

Enseñar habilidades de reconocimiento y regulación emocional: Los niños necesitan aprender a identificar, nombrar y lidiar con sus emociones de forma saludable. Actividades lúdicas, juegos y dinámicas pueden ser utilizados para enseñar sobre las emociones de forma divertida y atractiva. Es como ofrecer una guía ilustrada para el mundo de las emociones, con mapas y herramientas para explorar cada sentimiento.

Desarrollar la empatía: Incentivar a los niños a ponerse en el lugar de los otros, a comprender diferentes perspectivas y a mostrar compasión es esencial para la construcción de relaciones saludables y una sociedad más justa y solidaria. Es como plantar semillas de empatía en el corazón de cada niño, que germinarán en frutos de comprensión y solidaridad.

Promover la comunicación asertiva: Enseñar a los niños cómo comunicarse de forma clara, respetuosa y eficaz, expresando sus necesidades, opiniones y sentimientos de forma constructiva, es fundamental para prevenir y resolver conflictos de forma pacífica. Es como ofrecer un manual de instrucciones para la comunicación, con consejos y ejemplos para una conversación más fluida y armoniosa.

Incentivar la autoestima y la autoconfianza: Creer en sí mismo, reconocer sus talentos y sentirse capaz de alcanzar sus objetivos son pilares fundamentales para el desarrollo saludable y el éxito en la vida. Es como nutrir las raíces de la autoestima, para que la planta del "yo" crezca fuerte y segura.

Estimular la cooperación y el trabajo en equipo: Aprender a trabajar en grupo, a compartir ideas, a respetar las diferencias y a buscar soluciones en conjunto son habilidades esenciales para el éxito en la vida académica y profesional. Es como crear un ecosistema en el jardín, donde diferentes especies conviven en armonía, intercambiando nutrientes y fortaleciéndose mutuamente.

La gestión emocional en la educación es la base para construir un ambiente donde el aprendizaje y el desarrollo humano van de la mano. Cuando los alumnos se sienten emocionalmente seguros, no solo aprenden mejor, sino que también desarrollan competencias esenciales para la vida, como la empatía, la resiliencia y la comunicación asertiva. Este enfoque transforma el aula en un espacio donde los desafíos se convierten en oportunidades de crecimiento, y las interacciones promueven vínculos significativos y duraderos.

Al enseñar habilidades de regulación emocional e incentivar la empatía, preparamos a los estudiantes para lidiar con sus emociones de manera saludable, promoviendo un ambiente colaborativo y respetuoso. Estas prácticas no solo fortalecen el desempeño académico, sino que también crean una base sólida para relaciones interpersonales más saludables y para una visión más compasiva del mundo.

Integrar la gestión emocional a la educación es invertir en el futuro de cada alumno, promoviendo una jornada de aprendizaje que trasciende los contenidos curriculares. Es capacitar a las próximas generaciones para que enfrenten desafíos con confianza y creen un impacto positivo en la sociedad, donde el conocimiento está alineado al bienestar emocional y a la solidaridad.

Capítulo 30
Gestión Emocional y Salud Mental

La mente humana es un sistema intrincado y fascinante, donde cada pensamiento, emoción y comportamiento desempeña un papel fundamental en el equilibrio y la armonía del individuo. La salud mental representa el estado de estabilidad de este sistema, una interacción delicada que promueve bienestar, claridad y funcionalidad en la vida cotidiana. La gestión emocional, a su vez, es la práctica consciente de comprender y dirigir las emociones de forma que fortalezca esta estabilidad. Juntas, estas dimensiones forman la base para una existencia plena, permitiendo que cada persona alcance su potencial máximo y navegue por los desafíos de la vida con resiliencia y propósito.

La manutención de la salud mental exige atención constante, como cuidar de un organismo vivo que responde a estímulos internos y externos. Reconocer las señales de desequilibrio, cultivar hábitos saludables y buscar apoyo cuando sea necesario son pasos esenciales para preservar este estado de equilibrio. La gestión emocional, en este contexto, actúa como una herramienta indispensable, ayudándonos a lidiar con situaciones de estrés, a fortalecer vínculos interpersonales y a transformar adversidades en aprendizaje. Es a través de esta práctica que desarrollamos autoconciencia y mejoramos la capacidad de gestionar nuestras reacciones ante las diversas experiencias que vivimos.

Al comprender la importancia de la salud mental y de la gestión emocional, es posible percibir cómo estas dimensiones están intrínsecamente conectadas al bienestar general. La habilidad de identificar, regular y expresar emociones de manera equilibrada contribuye a la construcción de relaciones más saludables, mayor productividad y una sensación de propósito. Así como un sistema armonioso depende de cada componente funcionando de manera coordinada, la vida humana se beneficia de una mente saludable y emocionalmente alineada. Con dedicación y prácticas conscientes, podemos crear un ambiente interno fértil, donde las emociones positivas florecen y el potencial humano es plenamente realizado.

La salud mental y la gestión emocional están íntimamente interligadas, como raíces que se entrelazan en el suelo de nuestra existencia. La capacidad de comprender, regular y utilizar las emociones de forma inteligente es esencial para mantener el equilibrio mental, prevenir trastornos y construir una vida más saludable, feliz y significativa.

Cuidando del jardín de la mente:

Reconociendo las señales: Así como las plantas de un jardín demuestran señales de desequilibrio cuando no están siendo bien cuidadas, nuestra mente también nos envía mensajes cuando algo no va bien. Insomnio, ansiedad, irritabilidad, dificultad de concentración, pérdida de interés por las cosas que antes nos daban placer – estas son algunas de las señales que pueden indicar que necesitamos dedicar más atención a nuestra salud mental.

Cultivando hábitos saludables: Una alimentación equilibrada, la práctica regular de ejercicios físicos, el sueño adecuado, el contacto con la naturaleza y las relaciones interpersonales positivas son como nutrientes esenciales para el jardín de la mente, promoviendo el bienestar y la resiliencia emocional.

Desarrollando la autoconciencia: Observar los propios pensamientos, emociones y comportamientos con atención y sin juicios nos permite identificar patrones negativos y desarrollar estrategias para lidiar con ellos de forma más saludable. Es como estudiar el mapa del jardín, identificando las áreas que necesitan de más atención y cuidado.

Gestionando el estrés: El estrés crónico es como una plaga que puede infestar el jardín de la mente, causando daños y desequilibrios. Aprender a lidiar con el estrés a través de técnicas de relajación, organización del tiempo y búsqueda de soporte social es esencial para mantener la salud mental.

Cultivando emociones positivas: Emociones como la alegría, la gratitud, el amor y la esperanza son como flores que embellecen y perfuman el jardín de la mente. Cultivar estas emociones a través de prácticas como la meditación, el contacto con la naturaleza y la expresión artística promueve el bienestar y la felicidad.

Buscando ayuda profesional: Así como un jardinero puede necesitar ayuda especializada para combatir una plaga persistente, nosotros también podemos necesitar buscar apoyo de profesionales de la salud mental cuando enfrentamos dificultades emocionales o trastornos mentales. No hay vergüenza en pedir ayuda, y buscar tratamiento es un acto de coraje y amor propio.

La gestión emocional y la salud mental son pilares fundamentales para una vida equilibrada y satisfactoria. Al desarrollar la habilidad de reconocer y regular nuestras emociones, fortalecemos no apenas nuestra resiliencia ante los desafíos, sino también la capacidad de disfrutar plenamente los momentos de alegría y realización. Esta práctica continua nos enseña que cuidar de la mente es tan esencial como cuidar del cuerpo, creando una base sólida para el bienestar integral.

Cuando cultivamos hábitos saludables, buscamos autoconciencia y aprendemos a gestionar el estrés, creamos un ambiente interno donde la salud mental puede florecer. Este proceso se refleja positivamente en nuestras relaciones, productividad y en la manera como enxergamos el mundo, promoviendo una conexión más auténtica con nosotros mismos y con los otros. Además, reconocer la necesidad de ayuda profesional es un paso vital para superar dificultades, demostrando coraje y compromiso con nuestra propia felicidad.

Cuidar de la salud mental es un acto de autocompasión y responsabilidad. Al integrar la gestión emocional en nuestra rutina, estamos invirtiendo en un jardín interno donde las emociones positivas tienen espacio para florecer, y los desafíos pueden ser transformados en oportunidades de aprendizaje y crecimiento. Esta elección consciente nos guía para una vida más armoniosa, plena y alineada con nuestro propósito.

Capítulo 31
Autoestima:
Construyendo la Base de la Confianza

La autoestima es la estructura fundamental que sustenta la confianza y la capacidad de cada persona para enfrentar los desafíos de la vida. Se trata de una evaluación personal que refleja el valor que atribuimos a nuestra existencia, abarcando el reconocimiento de nuestras fuerzas, limitaciones y potencialidades. Una autoestima saludable nos permite comprender y aceptar quiénes somos en esencia, al mismo tiempo que cultivamos un senso profundo de amor propio y respeto. Este proceso involucra esfuerzo continuo, paciencia y dedicación, funcionando como la base sólida sobre la cual construimos la confianza necesaria para vivir de forma plena y resiliente.

La construcción de la autoestima comienza por el autoconocimiento, que es el pilar central de este proceso. Entender los propios pensamientos, emociones, valores y creencias nos posibilita identificar y fortalecer los aspectos positivos que componen nuestra identidad, así como enfrentar con coraje las áreas que demandan crecimiento. Esta jornada de autodescubrimiento crea un terreno fértil para cultivar amor propio, elemento esencial para tratarse con bondad, valorándose sin recurrir a la perfección. Amarse a sí mismo es aceptar que cada persona posee singularidades, que son las bases de lo que nos hace únicos y dignos de respeto.

Además, la práctica de la aceptación, de las afirmaciones positivas y el cuidado continuo con el bienestar físico y emocional refuerzan la construcción de una autoestima sólida. Al celebrar conquistas, aprender de errores y cuidar de nuestras necesidades, establecemos una relación de confianza con nosotros mismos. Esta base no apenas nos sustenta, sino también nos impulsa a enfrentar desafíos y abrazar oportunidades, moldeando una vida más rica, confiada y satisfactoria.

La autoestima es la evaluación que hacemos de nosotros mismos, el valor que atribuimos a nuestra propia existencia. Es la base de la confianza, de la resiliencia y de la capacidad de enfrentar los desafíos de la vida con coraje y optimismo. Una autoestima saludable nos permite aceptar nuestras imperfecciones, reconocer nuestros talentos y creer en nuestro potencial para alcanzar nuestros objetivos.

Construyendo el castillo de la autoestima:

Autoconocimiento: El primer paso para construir una autoestima sólida es conocerse profundamente, explorando sus pensamientos, emociones, valores, creencias y motivaciones. Es como estudiar el mapa de su castillo interior, identificando sus puntos fuertes, sus puntos débiles y los tesoros escondidos en su interior.

Amor propio: Amarse a sí mismo es la argamasa que une los ladrillos de la autoestima. Es tratarse con bondad, comprensión y respeto, aceptando sus imperfecciones y celebrando sus cualidades. Es como decorar su castillo con afecto, creando un ambiente acogedor y cálido.

Aceptación: Aceptarse como usted es, con sus defectos y cualidades, es esencial para construir una autoestima genuina y duradera. Es como reconocer la belleza única de su castillo, con sus torres altas y sus sótanos escondidos, sin intentar transformarlo en algo que no es.

Afirmaciones positivas: Repetir afirmaciones positivas sobre sí mismo, como "yo soy capaz", "yo soy valiente", "yo soy digno de amor", es como grabar mensajes de empoderamiento en las paredes de su castillo, reforzando su autoconfianza y su amor propio.

Cuidar de sí mismo: Cuidar de su salud física, mental y emocional es como mantener su castillo limpio, organizado y protegido. Aliméntese bien, practique ejercicios físicos, duerma lo suficiente, cultive relaciones saludables y dedique tiempo a actividades que le traigan placer y relajación.

Celebrar las conquistas: Reconocer y celebrar sus conquistas, por menores que sean, es como añadir nuevas torres y banderas a su castillo, simbolizando su crecimiento, su fuerza y su capacidad de superación.

Aprender con los errores: Errar forma parte del proceso de aprendizaje y crecimiento. En vez de culparse por los errores, encarelos como oportunidades para aprender, desarrollarse y convertirse en una mejor persona. Es como reconstruir una parte de su castillo con más sabiduría y experiencia, haciéndolo aún más fuerte y resistente.

La autoestima es la base que sustenta nuestra confianza y nos impulsa a vivir con autenticidad y coraje. Construirla es un proceso continuo de autodescubrimiento y aceptación, en el cual aprendemos a valorar nuestras cualidades, abrazar nuestras imperfecciones y cultivar una relación saludable con nosotros mismos. Cuando fortalecemos esta base, encontramos la fuerza necesaria para enfrentar desafíos y transformar cada experiencia en aprendizaje.

El amor propio, el cuidado con nuestras necesidades y la celebración de conquistas son ladrillos fundamentales para erigir el castillo de la autoestima. Al reforzar estos pilares con autoconocimiento y afirmaciones positivas, creamos una estructura sólida que nos protege de las adversidades y nos permite crecer con resiliencia y propósito. Así, cada paso dado en dirección a la aceptación y al respeto por quiénes somos se convierte en una inversión en una vida más plena y significativa.

Con una autoestima saludable, estamos más preparados para enfrentar el mundo y conectarnos con los demás de manera genuina. Esta base nos permite no apenas creer en nuestro potencial, sino también inspirar confianza y positividad en nuestras relaciones, moldeando una jornada rica en realizaciones y en paz interior.

Capítulo 32
Confianza:
Desarrollando la Fuerza Interior

La confianza es una fuerza interior inquebrantable, comparable a un árbol majestuoso que crece firme y resiliente, con raíces profundamente fincadas en el suelo de la autoestima. Es la base sólida que nos capacita para enfrentar desafíos, alcanzar sueños y reconocer nuestro valor intrínseco. Así como un árbol florece cuando es bien cuidado, la confianza se expande cuando es cultivada con prácticas conscientes y continuas. Fortalecer esta fuerza interior es un proceso transformador que exige autoconocimiento, coraje y perseverancia.

Más que una simple creencia en nuestras capacidades, la confianza es la expresión concreta de la seguridad que sentimos en nosotros mismos, independientemente de las circunstancias. Se manifiesta en la convicción de que somos capaces de aprender, crecer y superar las adversidades. Cuando desarrollamos la confianza, establecemos una base inquebrantable para la realización personal y para el enfrentamiento del mundo con determinación y propósito. Es esta confianza la que nos permite actuar, incluso ante lo desconocido, con optimismo y resiliencia.

Al embarcar en esta jornada de fortalecimiento de la confianza, es esencial reconocer que cada paso dado – sea un éxito o una lección aprendida – contribuye a este crecimiento. La autoestima actúa como el suelo fértil que sustenta esta construcción, mientras que el reconocimiento de nuestros talentos y conquistas sirve como nutriente para nuestro desarrollo. Mediante la superación de desafíos y la celebración de victorias, aprendemos a expandir las fronteras de la confianza, permitiéndole florecer plenamente y convertirse en una aliada constante en nuestra caminata hacia el éxito y la realización personal.

La confianza es la creencia en nuestras propias habilidades, cualidades y juicios. Es la certeza de que podemos lidiar con las situaciones que la vida nos presenta, superar los obstáculos y alcanzar nuestros objetivos. La confianza es una fuente de empoderamiento, que nos impulsa a actuar con coraje, determinación y optimismo.

Cultivando el árbol de la confianza:

Nutrir la autoestima: La autoestima es el suelo fértil donde la confianza se enraíza. Para desarrollar la confianza, es esencial cultivar una autoestima saludable, basada en el autoconocimiento, en el amor propio y en la aceptación. Es como preparar el terreno para la plantación, asegurando que el árbol tenga una base sólida para crecer.

Reconocer sus talentos y habilidades: Identificar sus puntos fuertes, sus cualidades y sus áreas de excelencia es como descubrir las semillas de la confianza que ya existen en su interior. Valore sus talentos, desarrolle sus habilidades y úselas a su favor.

Celebrar las conquistas: Cada conquista, por menor que sea, es como una rama que se fortalece en el árbol de la confianza. Reconozca sus éxitos, celebre sus victorias y úselas como motivación para seguir adelante.

Aprender con los errores: Los errores son como vientos que pueden balancear el árbol de la confianza, pero no tienen por qué derribarlo. Encare los errores como oportunidades de aprendizaje, extraiga lecciones valiosas y úselas para fortalecerse y crecer.

Salir de la zona de confort: Enfrentar nuevos desafíos, experimentar cosas nuevas y colocarse en situaciones que exigen coraje y superación es como expandir las raíces de la confianza, explorando nuevos territorios y fortaleciendo la base del árbol.

Visualizar el éxito: Imaginarse alcanzando sus objetivos, superando los obstáculos y viviendo la vida que desea es como nutrir el árbol de la confianza con la luz del sol de la esperanza y el optimismo.

Cultivar relaciones positivas: Rodearse de personas que creen en usted, que lo apoyan y lo incentivan es como crear un ecosistema favorable al crecimiento de la confianza. Busque la compañía de personas positivas, inspiradoras y que le ayuden a florecer.

La confianza es la fuerza que nos impulsa a explorar lo desconocido, enfrentar desafíos y avanzar con determinación. Así como un árbol crece en dirección al cielo cuando es bien cuidado, la confianza florece cuando nutrimos nuestras raíces con autoestima, reconocemos nuestras capacidades y cultivamos el coraje para actuar. Cada experiencia de superación y cada conquista refuerzan este cimiento, haciéndolo más sólido y resiliente.

Para desarrollar la confianza, es esencial celebrar tanto las victorias como las lecciones aprendidas con los errores. Esta práctica transforma cada paso, por pequeño que sea, en una oportunidad de crecimiento. Salir de la zona de confort, rodearse de personas que nos apoyan y visualizar nuestros éxitos son formas poderosas de expandir esta fuerza interior, permitiéndole guiarnos en dirección a nuestros sueños y aspiraciones.

La confianza no es un punto de llegada, sino una jornada continua de fortalecimiento y autodescubrimiento. Al cultivarla con intención y consistencia, construimos una base sólida que nos permite vivir con autenticidad y propósito, enfrentando la vida con coraje y optimismo, mientras inspiramos a otros a hacer lo mismo.

Capítulo 33
Motivación:
Despertando la Fuerza Interior

La motivación es la fuerza esencial que nos impulsa diariamente, una energía poderosa y vibrante que nos conecta con nuestros objetivos y da sentido a nuestras acciones. Se manifiesta como un estado interno que orienta nuestras elecciones, refuerza nuestra determinación y nos proporciona la energía necesaria para afrontar los desafíos y buscar la realización personal y profesional. Despertar esta fuerza interior exige una inmersión profunda en el entendimiento de nuestros valores, sueños y propósitos, transformándola en una llama constante y renovadora que guía cada paso de nuestra trayectoria.

La capacidad de mantenerse motivado está directamente ligada a la claridad de nuestros objetivos y a la alineación de estos con aquello que realmente importa para nosotros. Cuando sabemos exactamente lo que queremos alcanzar y reconocemos la importancia de esas metas en nuestras vidas, la motivación pasa a ser no solo una herramienta, sino una parte intrínseca de quienes somos. Se ve reforzada por la autoconfianza, la práctica de celebrar las conquistas y la búsqueda continua de inspiración y aprendizaje. Esta fuerza interior no surge espontáneamente, sino que se cultiva a través de acciones conscientes que fortalecen nuestra resiliencia y nuestra capacidad de actuar de manera proactiva, incluso ante las adversidades.

Para construir y mantener la motivación en alto, es fundamental establecer un ambiente favorable, tanto interno como externo. Internamente, debemos nutrir la creencia en nuestras habilidades, desarrollando la autoeficacia y practicando el reconocimiento de nuestros logros, por pequeños que sean. Externamente, es necesario buscar apoyo en personas positivas e inspiradoras, organizar el espacio a nuestro alrededor para promover el foco y la productividad, y adoptar hábitos que refuercen nuestro compromiso con el progreso. Así, transformamos la motivación en un combustible que no solo sustenta nuestra caminata, sino que nos impulsa a ir más allá de donde imaginábamos ser posible llegar.

La motivación es un estado interno que nos impulsa a la acción, que nos da energía y dirección para alcanzar nuestros objetivos. Puede ser intrínseca, cuando viene de dentro, del placer y la satisfacción en realizar una actividad, o extrínseca, cuando es impulsada por recompensas externas, como el reconocimiento, la promoción o las recompensas materiales.

Encendiendo la llama de la motivación:

Definiendo objetivos claros y alcanzables: Tener metas bien definidas, desafiantes pero realistas, es como trazar la ruta para tu destino, dando dirección y propósito a tu viaje. Objetivos vagos e indefinidos son como navegar sin brújula, perdiéndose en medio del mar de la indecisión.

Conectándose con sus valores: Cuando tus objetivos están alineados con tus valores y creencias, la motivación fluye con más naturalidad. Es como navegar con el viento a tu favor, impulsado por una fuerza mayor que te da sentido y propósito.

Encontrando tu propósito: Descubrir tu "porqué", la razón por la cual haces lo que haces, es como descubrir la fuente inagotable de motivación. El propósito da significado a tu viaje, transformando obligaciones en misiones y tareas en oportunidades de contribuir a algo mayor que tú mismo.

Cultivando la autoeficacia: Creer en tu capacidad de alcanzar tus objetivos es como fortalecer las velas de tu barco, permitiéndole navegar con más velocidad y seguridad hacia tu destino. La autoeficacia es la confianza en tus propias habilidades, que te impulsa a actuar con determinación y persistencia.

Celebrando las pequeñas victorias: Reconocer y celebrar cada etapa vencida, cada obstáculo superado, es como reabastecer tu barco con combustible, manteniendo la motivación encendida durante todo el viaje. Las pequeñas victorias alimentan la autoconfianza y el impulso para seguir adelante.

Buscando inspiración: Leer libros, ver películas, conversar con personas inspiradoras y conectar con historias de superación es como observar las estrellas en el cielo, guiándote por su luz y encontrando nuevas direcciones para tu viaje. La inspiración renueva las energías y alimenta la llama de la motivación.

Creando un ambiente motivador: Rodearse de personas positivas, organizar tu espacio de trabajo, definir metas desafiadoras y recompensarte por tus esfuerzos son como crear un ambiente propicio a la navegación, con vientos favorables, mares calmados y una tripulación motivada.

La motivación es la fuerza vital que nos mueve a realizar, superar y transformar sueños en realidad. Cultivarla es un ejercicio continuo de alineación entre nuestros objetivos y valores, reconociendo en el propósito personal la fuente más poderosa de inspiración. Cuando entendemos el "porqué" de nuestras acciones, cada esfuerzo gana significado, e incluso los desafíos más difíciles se convierten en etapas necesarias de un viaje lleno de propósito.

Mantener la motivación viva exige estrategias que refuercen tanto la autoconfianza como la claridad del camino. Celebrar pequeñas conquistas, buscar inspiración y crear un ambiente favorable son prácticas que renuevan la energía y nos ayudan a permanecer comprometidos con nuestros objetivos. Cada victoria, por pequeña que parezca, fortalece nuestra determinación, mientras que la superación de obstáculos refuerza la creencia en nuestras capacidades.

Al despertar y nutrir la motivación, transformamos nuestra fuerza interior en una llama constante, capaz de iluminar nuestro camino incluso en momentos de incertidumbre. Esta energía nos impulsa a ir más allá, explorando nuestro potencial y viviendo con pasión y propósito, listos para afrontar lo que sea que esté por delante.

Capítulo 34
Creatividad:
Despertando el Potencial Imaginativo

La creatividad es un elemento esencial de la naturaleza humana, una fuerza dinámica que atraviesa todos los aspectos de nuestras vidas, moldeando el mundo en que vivimos. No se trata de un privilegio reservado a algunos, sino de una habilidad universal, presente en cada persona, a la espera de ser explorada y ampliada. Al entender la creatividad como una corriente poderosa que fluye incesantemente dentro de nosotros, es posible reconocer su papel fundamental en la resolución de problemas, la innovación y la expresión individual. Este capítulo es una invitación para desbloquear este potencial, removiendo los obstáculos que lo reprimen y permitiendo que se manifieste de manera plena y significativa.

La creatividad va más allá de meros devaneos; está profundamente conectada a la capacidad de ver posibilidades donde antes había limitaciones. Esta habilidad puede ser despertada mediante prácticas deliberadas que estimulan la mente y expanden el horizonte de las ideas. El primer paso para nutrir la creatividad es aceptar que no es un talento nato o exclusivo, sino una aptitud que puede ser desarrollada.

Así como un río gana fuerza cuando sus caminos están libres, nuestra creatividad se fortalece al superar barreras internas, como el miedo a los juicios, la autocrítica excesiva o el apego a patrones rígidos.

La jornada para despertar el potencial creativo comienza con acciones concretas que implican explorar el mundo a nuestro alrededor y buscar inspiración en fuentes diversas. Ya sea al cuestionar las suposiciones habituales, experimentar nuevos enfoques o sumergirse en campos desconocidos, cada esfuerzo para romper con los límites del pensamiento convencional abre nuevas puertas para el imaginario. Este proceso no solo nos conecta con ideas originales, sino que también refuerza la confianza en nuestras capacidades intuitivas y en el poder transformador de la innovación. Al cultivar estos hábitos y adoptar una postura abierta y curiosa, la creatividad deja de ser un flujo esporádico y se convierte en una fuerza constante que enriquece todos los aspectos de nuestras vidas.

La creatividad no es un don exclusivo de artistas e inventores; es una habilidad inherente a todos los seres humanos, un potencial dormido que puede ser despertado y desarrollado. Es como una semilla que espera las condiciones ideales para germinar y florecer.

Desobstruyendo el flujo de la creatividad:

Cultivar la curiosidad: La curiosidad es la chispa que enciende la llama de la creatividad. Es el deseo de explorar, de descubrir, de cuestionar, de ir más allá de lo obvio. Sé curioso como un niño, preguntando "por qué" a todo, investigando el mundo a tu alrededor con ojos de descubridor.

Romper con los patrones: La creatividad florece cuando nos liberamos de las ataduras del pensamiento convencional, de los juicios y de las creencias limitantes. Atrévete a pensar fuera de la caja, cuestiona las reglas, experimenta nuevos enfoques, explora caminos alternativos.

Abrazar la diversidad: La creatividad se alimenta de la diversidad de ideas, perspectivas y experiencias. Busca inspiración en diferentes fuentes, conversa con personas de diferentes culturas y bagajes, explora diferentes formas de arte y expresión.

Dar alas a la imaginación: La imaginación es el motor de la creatividad, la capacidad de crear imágenes mentales, de visualizar posibilidades, de soñar con lo nuevo y lo inusual. Dale alas a tu imaginación, permitiéndote explorar mundos fantásticos, crear historias y personajes, y dar vida a ideas originales.

Confiar en la intuición: La intuición es la voz interior que nos guía hacia las mejores soluciones, las ideas más creativas y los caminos más innovadores. Aprende a escuchar tu intuición, a confiar en tus insights y a seguir tus instintos.

Experimentar y errar: La creatividad es un proceso de experimentación, de prueba y error. No tengas miedo de equivocarte, de probar cosas nuevas, de salir de tu zona de confort. Cada error es una oportunidad de aprendizaje, un paso más hacia la maestría.

Cultivar el flow: El estado de flow es un estado de concentración profunda, de inmersión total en la actividad, de pérdida de la noción del tiempo y del espacio. Es en este estado que la creatividad fluye con más intensidad y libertad. Busca actividades que te proporcionen este estado de flow, como la música, el arte, la escritura, el deporte o cualquier otra actividad que te apasione.

La creatividad es una fuerza transformadora que nos conecta con el potencial ilimitado de nuestras mentes, permitiéndonos ver el mundo con lentes nuevas e innovadoras. Cultivarla es un ejercicio de curiosidad, valentía y apertura a lo inesperado. Al explorar ideas, experimentar y permitirnos errar, damos espacio para que la imaginación florezca, iluminando nuestros caminos con soluciones originales y expresiones auténticas.

Despertar la creatividad comienza con la ruptura de barreras internas, como el miedo al fracaso o la rigidez del pensamiento. Al acoger la diversidad, confiar en la intuición y buscar el estado de flow, ampliamos nuestro horizonte mental y abrimos puertas a posibilidades que antes parecían inalcanzables. Cada nuevo desafío o experiencia puede transformarse en combustible para la creación, siempre que nos acerquemos con una mente curiosa y receptiva.

Al incorporar la creatividad como un hábito continuo, deja de ser solo una habilidad esporádica y se convierte en una fuerza viva que transforma nuestra manera de vivir e interactuar con el mundo. Este potencial imaginativo no solo enriquece nuestras vidas, sino que también nos capacita para dejar nuestra huella única en el universo, innovando e inspirando a nuestro alrededor.

Capítulo 35
Espiritualidad y Gestión Emocional

La espiritualidad se presenta como un aspecto intrínseco de la experiencia humana, un horizonte vasto que sobrepasa los límites de lo tangible, conectándonos con valores, propósitos y dimensiones que enriquecen nuestra existencia. En este contexto, la gestión emocional surge como una habilidad fundamental, que nos permite afrontar los desafíos de la vida con resiliencia, mientras cultivamos un estado de paz interior. Juntas, la espiritualidad y la gestión emocional forman una base sólida para una vida equilibrada, permitiéndonos avanzar en nuestra jornada con claridad y serenidad.

La búsqueda espiritual no es solo una conexión con algo mayor, sino también un reflejo de nuestro deseo de autoconocimiento y significado. Al mismo tiempo, la gestión emocional nos equipa para lidiar con las inevitables oscilaciones de nuestras emociones, como la ira, el miedo y la tristeza, haciéndonos más conscientes de nuestro universo interior. Esta interacción entre ambos aspectos nos invita a explorar un camino donde los valores éticos, la compasión y la gratitud se convierten en brújulas que orientan nuestras decisiones diarias y fortalecen nuestras relaciones.

Al reconocer la interdependencia entre la espiritualidad y las emociones, construimos un cimiento que nos ayuda a cultivar virtudes como el amor incondicional, la generosidad y la humildad. La práctica de la meditación, la oración o la simple contemplación se convierte en una ventana hacia lo trascendente, ampliando la consciencia y promoviendo el equilibrio emocional. La transformación personal, a su vez, emerge de este proceso, motivándonos a superar desafíos internos y a alinearnos con un propósito más elevado, fundamentado en la autenticidad y la conexión.

La espiritualidad y la gestión emocional se complementan como las dos caras de una misma moneda. La espiritualidad nos conecta con valores y propósitos que trascienden el ego, inspirándonos a cultivar cualidades como la compasión, la gratitud, el perdón y el amor incondicional. La gestión emocional nos proporciona las herramientas para lidiar con las emociones desafiantes que surgen a lo largo del camino, como el miedo, la ira, la tristeza y la duda, permitiéndonos navegar por las turbulencias de la vida con más serenidad y equilibrio. Explorando el universo interior: Conexión con lo sagrado: La espiritualidad nos conecta con una dimensión sagrada de la existencia, ya sea a través de la religión, la meditación, la contemplación de la naturaleza u otras prácticas que nos acercan a lo trascendente. Es como si abriéramos una ventana al infinito, expandiendo nuestra conciencia y llenándonos de paz y serenidad. Búsqueda de significado: La espiritualidad nos impulsa a buscar un significado para la vida, un propósito que vaya más allá de las cuestiones materiales y egoístas. Es como si buscáramos nuestra propia estrella en el cielo, una guía que nos oriente en nuestra jornada y nos dé dirección. Cultivo de valores: La espiritualidad nos inspira a cultivar valores como el amor, la compasión, la gratitud, el perdón, la generosidad y la humildad. Estos valores son como brújulas que nos orientan en nuestras elecciones y acciones, conduciéndonos hacia una vida más ética, justa y compasiva. Autoconocimiento: La espiritualidad nos invita a una profunda reflexión sobre nosotros mismos, nuestras creencias, nuestros valores y nuestro papel en el mundo. Es como si hiciéramos un viaje de descubrimiento a nuestro propio universo interior, explorando nuestras luces y sombras, nuestras fortalezas y debilidades. Gestión de las emociones: La espiritualidad nos proporciona herramientas para lidiar con las emociones desafiantes, como el miedo, la ira, la tristeza y la inseguridad. Prácticas como la meditación, la oración y el cultivo de la gratitud nos ayudan a calmar la mente, a encontrar paz interior y a cultivar la resiliencia emocional. Transformación personal: La espiritualidad nos impulsa a una constante búsqueda de crecimiento y transformación personal. Es como si estuviéramos siempre en movimiento, evolucionando hacia una versión más auténtica, compasiva y consciente de nosotros mismos. La integración entre espiritualidad y gestión emocional nos conduce a un camino de equilibrio, autoconocimiento y conexión más profunda con la vida. Al cultivar la espiritualidad, encontramos un cimiento que nos ayuda a enfrentar los desafíos con propósito, mientras que la gestión emocional nos capacita para lidiar con los matices de nuestras emociones, transformando las turbulencias internas en aprendizaje y serenidad. Esta combinación nos prepara para navegar por las complejidades de la existencia con claridad y resiliencia. Prácticas espirituales, como la meditación, la oración o la contemplación, crean un espacio para expandir nuestra conciencia y cultivar virtudes como la compasión y la gratitud. Paralelamente, al gestionar nuestras emociones con intención, fortalecemos nuestra capacidad de actuar de forma alineada con nuestros valores y propósito, incluso en momentos de incertidumbre o dificultad. Este ciclo de conexión y transformación promueve una vida más auténtica y significativa. Al alinear la espiritualidad y la gestión emocional, descubrimos un camino para trascender nuestras limitaciones y conectarnos con algo mayor. Esta jornada no solo nos eleva individualmente, sino que también inspira la creación de relaciones más armoniosas y una contribución más consciente al mundo que nos rodea. Con este enfoque integrado, vivimos de forma más plena, nutriendo tanto nuestro espíritu como nuestras emociones.

Capítulo 36
Cuerpo y Mente:
La Danza del Bienestar

El cuerpo y la mente son socios inseparables, actuando en una sincronía que refleja la esencia del bienestar. Esta profunda conexión revela que cuidar del cuerpo es más que simplemente fortalecer los músculos o mejorar el acondicionamiento físico; es ofrecer la base necesaria para que la mente florezca en equilibrio y serenidad. Del mismo modo, nutrir la mente va más allá de estimular pensamientos creativos o alcanzar la tranquilidad emocional; es también cultivar una fuerza interior que sustenta la salud y la vitalidad del cuerpo. Así, la armonía entre cuerpo y mente no es solo una meta deseable, sino una coreografía esencial que moldea la calidad de vida como un todo. Un cuerpo sano proporciona el vigor y la energía necesarios para afrontar los desafíos diarios, mientras que una mente en equilibrio nos guía con claridad y determinación. Cuando ambos están en sintonía, es como si cada aspecto del ser humano funcionara como parte de un gran engranaje, moviéndose de forma fluida y eficiente. Por eso, las prácticas que promueven esta integración, desde la alimentación consciente hasta la gestión del estrés, deben ser vistas no como obligaciones, sino como actos de cuidado y amor propio. Al fortalecer el cuerpo y nutrir la mente, creamos las condiciones ideales para una existencia plena, en la que cada movimiento y pensamiento refleje vitalidad, serenidad y propósito. A lo largo de este capítulo, exploraremos formas prácticas y accesibles de cultivar esta interacción vital entre cuerpo y mente. Vamos a desvelar cómo pequeños cambios en la rutina pueden transformar la manera en que vivimos, permitiendo que cada elección y acción contribuyan a un estado más elevado de salud y bienestar. Como en la danza, donde cada paso tiene un propósito y contribuye a la belleza del conjunto, integrar hábitos saludables en el día a día es el secreto para alcanzar el equilibrio y la realización en todas las áreas de la vida. La salud física y mental están íntimamente conectadas, como las dos caras de una misma moneda. Un cuerpo sano proporciona una base sólida para una mente equilibrada, mientras que una mente sana influye positivamente en el funcionamiento del cuerpo. Cultivar hábitos que promueven el bienestar físico y mental es como perfeccionar la coreografía de la vida, creando una danza fluida, elegante y llena de vitalidad. Sintonizando cuerpo y mente: Alimentación consciente: Nutrir el cuerpo con alimentos saludables y nutritivos es como ofrecer al bailarín el combustible necesario para sus movimientos precisos y energéticos. Una dieta equilibrada, rica en frutas, verduras, hortalizas y granos integrales, proporciona los nutrientes esenciales para el buen funcionamiento del cuerpo y de la mente. Ejercicio físico regular: La práctica regular de ejercicio físico es como el ensayo del bailarín, fortaleciendo sus músculos, aumentando su flexibilidad y brindándole resistencia y vitalidad. El ejercicio físico libera endorfinas, hormonas que promueven la sensación de bienestar y reducen el estrés y la ansiedad. Sueño reparador: El sueño es el momento de descanso y recuperación del cuerpo y la mente, como una pausa en la danza para recargar las energías. Dormir lo suficiente es esencial para la consolidación de la memoria, la regulación del humor y el equilibrio emocional. Gestión del estrés: El estrés crónico es como una lesión que impide al bailarín moverse con fluidez y gracia. Aprender a lidiar con el estrés a través de técnicas de relajación, meditación y respiración consciente es esencial para mantener el cuerpo y la mente en armonía. Contacto con la naturaleza: Conectarse con la naturaleza es como llevar la danza a un escenario inspirador, donde el aire puro, la luz del sol y la belleza natural revitalizan el cuerpo y la mente. Pasar tiempo al aire libre, caminar en parques y jardines, observar el cielo y el mar trae paz interior y renueva las energías. Cultivo de relaciones saludables: Las relaciones interpersonales positivas son como compañeros de baile que nos apoyan, nos inspiran y nos motivan. Cultivar relaciones saludables con familiares, amigos y colegas contribuye al bienestar emocional y la felicidad. Expresión creativa: La expresión creativa, ya sea a través del arte, la música, la escritura o cualquier otra forma de manifestación artística, es como dar libertad al alma del bailarín, permitiéndole expresar sus emociones, sus pensamientos y su individualidad. La danza del bienestar, donde cuerpo y mente se conectan en perfecta armonía, no es un objetivo distante, sino un proceso continuo, hecho de elecciones conscientes y hábitos que sustentan nuestra vitalidad. Cada pequeña acción, desde un momento de respiración profunda hasta un paso en dirección a una vida más activa, contribuye a fortalecer este vínculo esencial. Al permitirnos escuchar lo que nuestro cuerpo y mente necesitan, ajustamos el ritmo de esta coreografía. La integración entre prácticas simples, como la meditación y el ejercicio físico, y la valoración de los momentos de pausa, nos enseña que el equilibrio es un movimiento dinámico y adaptable, no una meta estática. Así, cultivar esta sincronía es más que un acto de autocuidado; es un compromiso con una existencia más plena y significativa. Como en una danza bien ensayada, cada esfuerzo se transforma en gracia, y cada instante se convierte en parte de una vida vivida en plenitud.

Capítulo 37
Alimentación y Emociones: Nutriendo el Cuerpo y la Mente

La alimentación es más que la simple ingesta de nutrientes; es una experiencia sensorial y emocional que conecta cuerpo y mente en una armonía esencial. Cada elección alimentaria que hacemos influye directamente en nuestra energía, humor y capacidad de afrontar los desafíos diarios. Así, comprender la relación entre lo que comemos y lo que sentimos es esencial para cultivar la salud y el equilibrio emocional. La práctica de la alimentación consciente nos permite transformar las comidas en momentos de cuidado y bienestar, ayudando a alinear nuestros hábitos alimentarios con la búsqueda de una vida plena. Esta relación íntima entre alimentación y emociones funciona en ambas direcciones. Los nutrientes que ingerimos proporcionan el sustrato para procesos biológicos fundamentales, como la producción de neurotransmisores responsables de la regulación del humor, del sueño y de la capacidad de concentración. Por otro lado, estados emocionales, como el estrés o la tristeza, pueden llevarnos a buscar consuelo en alimentos menos saludables, creando un ciclo que puede impactar negativamente tanto la salud física como mental. Reconocer estas interacciones es el primer paso para elecciones más conscientes y equilibradas. Adoptar un enfoque equilibrado significa ver la alimentación como un acto de cuidado integral. Incorporar alimentos ricos en nutrientes que favorecen la salud mental, como los que ayudan en la producción de serotonina o mantienen la microbiota intestinal sana, es esencial. Al mismo tiempo, prácticas como la atención plena durante las comidas y el consumo moderado de azúcares y grasas son herramientas que ayudan a mantener un estado de bienestar continuo. Así, cada comida se convierte en una oportunidad de nutrir no solo el cuerpo, sino también la mente y las emociones, promoviendo una vida más saludable y armoniosa. La relación entre alimentación y emociones es una vía de doble sentido. Así como los alimentos que ingerimos pueden afectar nuestro estado emocional, nuestras emociones también pueden influir en nuestras elecciones alimentarias. En momentos de estrés, ansiedad o tristeza, podemos buscar consuelo en alimentos ricos en azúcar, grasa o sal, que proporcionan una sensación de placer inmediato, pero pueden tener consecuencias negativas para la salud a largo plazo. Armonizando el banquete de la vida: Nutrientes y neurotransmisores: Los alimentos que ingerimos proporcionan los nutrientes esenciales para la producción de neurotransmisores, sustancias químicas que regulan el humor, el sueño, la concentración y otras funciones cerebrales. El consumo de alimentos ricos en triptófano, como el plátano, la leche y los huevos, por ejemplo, favorece la producción de serotonina, neurotransmisor relacionado con el bienestar y la felicidad. Azúcar y humor: El consumo excesivo de azúcar puede causar picos de glucosa en sangre, seguidos de caídas bruscas, lo que puede llevar a la irritabilidad, la ansiedad y los cambios de humor. Es como una montaña rusa de energía, con altibajos que desequilibran el organismo. Grasas saludables y salud mental: El consumo de grasas saludables, como las presentes en el pescado, el aceite de oliva, el aguacate y los frutos secos, es esencial para el buen funcionamiento del cerebro y la prevención de trastornos mentales, como la depresión y la ansiedad. Alimentación y microbiota intestinal: La microbiota intestinal, compuesta por billones de bacterias que habitan nuestro intestino, desempeña un papel importante en la salud mental. Una alimentación rica en fibra, probióticos y prebióticos favorece el equilibrio de la microbiota, lo que puede contribuir a la reducción del estrés, la ansiedad y la depresión. Atención plena a la alimentación: Practicar la atención plena durante las comidas, prestando atención a los sabores, aromas y texturas de los alimentos, y masticando con calma y consciencia, promueve la saciedad, la digestión y el placer de comer. Es como transformar la comida en un ritual de gratitud y conexión con el presente. Equilibrio y moderación: La clave para una alimentación saludable y equilibrada es la moderación y la variedad. Evita las dietas restrictivas y los radicalismos, y busca una alimentación que te proporcione placer, energía y bienestar. La alimentación, al reflejar nuestras emociones e impactar directamente en nuestra salud, se convierte en un vínculo fundamental entre cuerpo y mente. Cada elección alimentaria es una invitación a equilibrar nuestros estados emocionales y fortalecer el organismo, transformando el acto de comer en una herramienta de autocuidado y autoconocimiento. Reconocer las señales del cuerpo y las emociones que nos guían hacia determinadas elecciones alimentarias es un paso poderoso hacia la armonía. Cuando nos volvemos conscientes de estas interacciones, ampliamos la capacidad de tomar decisiones que nutren no solo lo físico, sino también el alma, cultivando equilibrio y satisfacción en todos los niveles. Así, al unir el conocimiento sobre los alimentos y la atención plena a nuestras necesidades emocionales, creamos un camino donde la salud y el placer caminan de la mano. Cada comida se transforma en un momento de celebración y conexión, reafirmando el compromiso con una vida plena y nutrida en todos los sentidos.

Capítulo 38
Ejercicio Físico y Emociones

El cuerpo es una máquina compleja, capaz de responder de manera extraordinaria al estímulo del movimiento, y el ejercicio físico es la clave para desbloquear todo su potencial. Cada gesto, cada esfuerzo coordinado, genera un impacto profundo no solo en el funcionamiento físico, sino también en el estado emocional, promoviendo una armonía esencial entre cuerpo y mente. La práctica regular de ejercicios físicos va más allá de la preparación física; es un proceso transformador que fortalece la resiliencia, mejora la vitalidad y alimenta el bienestar emocional, trayendo equilibrio y ligereza al día a día.

La conexión entre la actividad física y las emociones se revela como un intercambio continuo y poderoso. Así como el movimiento puede ser un catalizador para sensaciones de alegría, alivio y realización, nuestros estados emocionales, a su vez, moldean la manera en que nos involucramos en la práctica deportiva. Cuando nos sentimos fortalecidos por la motivación o por la confianza, el ejercicio físico se convierte en una experiencia fluida y placentera. En cambio, ante periodos de estrés o baja energía, puede configurarse como un verdadero desafío – pero, aún así, una oportunidad de transformar esas emociones negativas.

Encontrar una aproximación significativa para integrar la actividad física a la rutina es fundamental para explorar sus innumerables beneficios. Desde la liberación de endorfinas, que promueve bienestar y alivio de dolores, hasta la mejora de la calidad del sueño y el fortalecimiento de las conexiones sociales, cada aspecto refuerza el impacto positivo de mover el cuerpo. Más que un acto de autocuidado, ejercitarse es un compromiso con la salud integral y una invitación a transformar la relación entre cuerpo y emociones en una fuente inagotable de equilibrio y felicidad.

La relación entre ejercicio físico y emociones es una vía de doble mano. Así como la actividad física puede impactar positivamente nuestro estado emocional, nuestras emociones también pueden influenciar nuestra disposición para ejercitarnos. Cuando estamos motivados, alegres y confiados, la práctica de ejercicios se torna más placentera y natural. Por otro lado, en momentos de estrés, ansiedad o tristeza, podemos sentirnos desmotivados y sin energía para movernos.

Encontrando el ritmo del bienestar:

Endorfina y bienestar: Durante la práctica de ejercicios físicos, el cuerpo libera endorfinas, un neurotransmisor que promueve la sensación de placer, bienestar y reducción del dolor. Es como si el cuerpo nos recompensara por el esfuerzo, con una dosis de alegría y satisfacción.

Reducción del estrés y de la ansiedad: El ejercicio físico es un aliado poderoso en el combate al estrés y a la ansiedad. La actividad física ayuda a regular la producción de hormonas del estrés, como el cortisol, y promueve la relajación muscular y mental.

Mejora de la autoestima y de la autoconfianza: La práctica regular de ejercicios físicos contribuye a la mejora de la imagen corporal, el aumento de la autoestima y el desarrollo de la autoconfianza. Sentirse bien con el propio cuerpo y percibir su capacidad de superación trae una sensación de empoderamiento y bienestar.

Aumento de la concentración y del foco: La actividad física mejora la circulación sanguínea y la oxigenación del cerebro, lo que contribuye al aumento de la concentración, del foco y de la memoria.

Mejora del sueño: La práctica regular de ejercicios físicos promueve un sueño más profundo y reparador, esencial para la recuperación del cuerpo y de la mente.

Socialización y conexión: Practicar ejercicios en grupo, como en clases de danza, yoga o deportes colectivos, promueve la socialización, la interacción y el desarrollo de relaciones saludables.

Encontrando la actividad ideal: La elección de la actividad física debe tener en cuenta sus intereses, sus preferencias y sus condiciones físicas. Experimente diferentes modalidades y encuentre aquella que le proporcione placer, motivación y bienestar.

El movimiento es un lenguaje universal del cuerpo, un camino para expresar y transformar emociones. Cada ejercicio realizado con intención conecta nuestros límites físicos a las posibilidades emocionales, creando un ciclo virtuoso de energía y equilibrio que impacta todas las esferas de la vida.

Abrazar la actividad física como parte de la vida cotidiana es reconocer su poder de reconstruir y fortalecer tanto el cuerpo como la mente. Incluso en los días más desafiantes, pequeños gestos de movimiento pueden actuar como catalizadores de cambios internos, disipando tensiones y abriendo espacio para el bienestar.

Al encontrar la actividad que resuene con sus pasiones y necesidades, usted transforma el ejercicio en un ritual de celebración de la propia fuerza. En este proceso, el cuerpo se vuelve más ágil, la mente más clara y el corazón más ligero, alineándose para una jornada de salud integral y alegría continua.

Capítulo 39
Sueño y Emociones

El sueño es una experiencia vital que actúa como un cimiento para el equilibrio del cuerpo y de la mente, promoviendo regeneración, serenidad y la organización de las emociones. Desempeña un papel fundamental en el mantenimiento de nuestra salud emocional, funcionando como un mecanismo natural de ajuste y cura para los impactos del día a día. Con una influencia directa en la calidad de vida, el sueño organiza y sincroniza las funciones del organismo, creando una base sólida para enfrentar los desafíos de cada nueva jornada. La manera como dormimos refleja, en muchos aspectos, la armonía interna necesaria para vivir con plenitud y energía.

La conexión entre el sueño y las emociones es intrínsecamente compleja, revelando una relación de doble mano que afecta profundamente el bienestar general. Un descanso adecuado regula no solo los procesos cognitivos, sino que también sustenta la estabilidad emocional, fortaleciendo la resiliencia contra el estrés, la ansiedad y las adversidades diarias. En contraste, la privación de sueño desorganiza este equilibrio, resultando en inestabilidad emocional, irritabilidad y dificultades en la concentración. El sueño, por lo tanto, emerge como un aliado indispensable para una mente saludable y en paz.

Priorizar un ambiente y hábitos que promuevan un sueño reparador es esencial para optimizar sus beneficios. Un ambiente tranquilo, rutinas relajantes antes de dormir y el manejo adecuado de las emociones preparan el terreno para noches más restauradoras. Además, reconocer cuándo factores emocionales o físicos interfieren consistentemente en el sueño y buscar ayuda especializada son pasos fundamentales para proteger esta dimensión vital de la vida. Al final, el sueño es la base de nuestra armonía interna, permitiendo que cuerpo y mente operen en sincronía para una existencia equilibrada y plena.

La relación entre sueño y emociones es una danza delicada y profunda. Así como una noche mal dormida puede afectar nuestro humor, nuestra concentración y nuestra capacidad de lidiar con las emociones, el equilibrio emocional también influencia la calidad de nuestro sueño. Cuando estamos ansiosos, estresados o tristes, el sueño puede volverse fragmentado, superficial y poco reparador.

Compendio la melodía del sueño:

Sueño y regulación emocional: Durante el sueño, el cerebro procesa las emociones vividas a lo largo del día, consolidando memorias, regulando el humor y restaurando el equilibrio emocional. Una buena noche de sueño nos permite despertar más dispuestos, serenos y preparados para lidiar con los desafíos del día a día.

Privación del sueño e irritabilidad: La falta de sueño puede llevar a la irritabilidad, impaciencia, dificultad de concentración y alteraciones de humor. Es como si la orquesta estuviera desafinada, con cada instrumento tocando en un tono diferente, creando una melodía disonante.

Insomnio y ansiedad: La ansiedad y el insomnio muchas veces se alimentan mutuamente, creando un ciclo vicioso. La ansiedad dificulta el sueño, y la falta de sueño aumenta la ansiedad, generando un estado de alerta constante que impide la relajación y el reposo.

Sueño y depresión: La depresión también puede afectar la calidad del sueño, causando insomnio o somnolencia excesiva. El desequilibrio químico en el cerebro que caracteriza la depresión interfiere en los ciclos del sueño, afectando la producción de hormonas como la melatonina y la serotonina.

Higiene del sueño: Crear una rutina de sueño regular, con horarios definidos para dormir y despertar, y adoptar hábitos que promuevan la relajación y el sueño, como un baño caliente, lectura relajante o meditación, es como preparar el escenario para la presentación de la orquesta del sueño.

Ambiente propicio al sueño: Un cuarto oscuro, silencioso y con temperatura agradable es como un auditorio acogedor, que invita al reposo y a la relajación. Evite el uso de electrónicos antes de dormir, pues la luz azul emitida por esos aparatos puede interferir en la producción de melatonina, hormona que regula el sueño.

Buscando ayuda profesional: Si usted sufre de insomnio crónico u otros trastornos del sueño, no dude en buscar ayuda de un profesional de la salud. Un especialista en sueño puede ayudarlo a identificar las causas del problema y a encontrar soluciones para una noche de sueño más tranquila y reparadora.

El sueño, en su esencia, es un acto de entrega que nos reconecta con la armonía interior. Nos ofrece una pausa necesaria para que el cuerpo se regenere y las emociones se acomoden, preparándonos para el renacimiento de cada día. Cuando priorizamos un descanso reparador, creamos espacio para que el equilibrio entre cuerpo y mente florezca.

Reconocer la importancia del sueño es honrar un ciclo natural que sustenta nuestras emociones y capacidades cognitivas. Pequeños ajustes en el ambiente, en la rutina y en el cuidado con el bienestar emocional pueden transformar noches inquietas en momentos de verdadera restauración, fortaleciendo nuestra disposición y claridad mental.

Así, la sinfonía del reposo se convierte en un guía indispensable para una vida más ligera y plena. A cada noche bien dormida, reforzamos los cimientos de nuestra salud, permitiendo que la orquesta del cuerpo y de la mente toque en perfecta sintonía para el bienestar duradero.

Capítulo 40
Tecnología y Emociones

La tecnología se ha establecido como un elemento central en la experiencia humana contemporánea, moldeando las interacciones, el aprendizaje y la manera como comprendemos el mundo a nuestro alrededor. No es solo una herramienta que facilita procesos, sino también una fuerza capaz de transformar vidas, aproximando personas, proporcionando acceso a información y ampliando las fronteras de la creatividad y la innovación. Sin embargo, la tecnología no opera aisladamente; su influencia está intrínsecamente ligada a las emociones que despierta, a las conexiones que promueve y a los desafíos que impone. Así, comprender el impacto emocional de la tecnología es esencial para utilizarla de manera que enriquezca, en vez de sobrecargar, nuestras vidas.

Al mismo tiempo que posibilita experiencias increíbles, la tecnología exige de nosotros una mirada atenta para que podamos aprovecharla de forma equilibrada. Es necesario reconocer que la constante exposición a estímulos digitales puede impactar nuestra salud emocional, influenciar nuestra forma de pensar e incluso alterar la manera como lidiamos con el mundo físico y las relaciones interpersonales. De esta forma, más que un conjunto de recursos, la tecnología debe ser vista como una plataforma que refleja nuestras intenciones y elecciones. Solo cuando aprendemos a conducir esta relación de manera consciente, es que conseguimos direccionarla para fines que promuevan bienestar, conexión genuina y crecimiento personal.

Además, la tecnología lleva consigo una paradoja: nos aproxima y, al mismo tiempo, puede nos distanciar. La capacidad de enviar un mensaje instantáneo para alguien del otro lado del mundo es una de las mayores conquistas de nuestro tiempo, pero el uso excesivo de las pantallas muchas veces nos aleja de las interacciones presenciales y de los momentos de verdadera conexión humana. Es fundamental ver la tecnología no como un fin en sí misma, sino como un medio para ampliar nuestras capacidades y enriquecer nuestras experiencias, sin descuidar las emociones y las necesidades que nos hacen humanos. Así como un director de orquesta habilidoso debe equilibrar cada sonido de su orquesta, nos corresponde aprender a equilibrar los diferentes aspectos de la tecnología en nuestras vidas.

La relación entre tecnología y emociones es una danza compleja y desafiante en la era digital. Así como la tecnología puede conectarnos con personas queridas, informarnos y entretenernos, también puede distraernos, aislarnos y sobrecargarnos con información y estímulos en exceso. Encontrar el equilibrio en el uso de la tecnología es esencial para cultivar el bienestar emocional y construir una relación saludable con el mundo digital.

Afinando la orquesta tecnológica:

Conciencia digital: El primer paso para una relación saludable con la tecnología es desarrollar la conciencia digital, es decir, la capacidad de usar la tecnología de forma intencional, responsable y consciente de sus impactos en nuestras vidas. Es como el director de orquesta que estudia la partitura antes del concierto, comprendiendo la estructura de la música y el papel de cada instrumento.

Gestionando el tiempo de pantalla: Establecer límites para el tiempo que pasamos frente a las pantallas es esencial para evitar el exceso de estímulos, la fatiga mental y la privación del sueño. Es como el director de orquesta que define el tiempo de cada movimiento de la sinfonía, garantizando que la música tenga ritmo y armonía.

Cultivando relaciones reales: Priorizar las interacciones cara a cara, el contacto humano y los momentos de convivencia con personas queridas es fundamental para nutrir los lazos afectivos y combatir el aislamiento social. Es como el director de orquesta que valora la interacción entre los músicos, creando una atmósfera de colaboración y armonía en la orquesta.

Protegiendo la privacidad: Estar atento a las configuraciones de privacidad en las redes sociales y aplicaciones, y compartir información personal con cuidado y responsabilidad, es esencial para proteger su identidad y su seguridad digital. Es como el director de orquesta que protege a sus músicos de distracciones e interferencias externas, permitiéndoles concentrarse en la música.

Filtrando el contenido: Ser selectivo con la información que consume en las redes sociales y en internet, y evitar el exceso de noticias negativas y contenido tóxico, es esencial para proteger su salud mental y cultivar emociones positivas. Es como el director de orquesta que escoge las mejores partituras para su orquesta, seleccionando música que inspira, eleva y toca el alma.

Desconectando para conectar: Reservar momentos del día para desconectarse del mundo digital, practicar actividades al aire libre, meditar o simplemente relajarse en silencio, es esencial para recargar las energías, calmar la mente y reconectarse consigo mismo. Es como el director de orquesta que concede un intervalo a los músicos, permitiéndoles descansar y prepararse para la próxima etapa del concierto.

Buscando soporte profesional: Si siente que el uso de la tecnología está afectando negativamente su vida, sus relaciones o su salud mental, no dude en buscar ayuda de un profesional. Un terapeuta o psicólogo puede ayudarlo a identificar los patrones de comportamiento problemáticos y a desarrollar estrategias para una relación más saludable con la tecnología.

La tecnología, cuando se usa con equilibrio e intención, puede ser una aliada poderosa en la construcción de un mundo más conectado y emocionalmente enriquecido. Sin embargo, reconocer sus impactos y límites es esencial para mantener el control sobre cómo influye en nuestra mente y nuestras relaciones.

Al crear espacios para la desconexión consciente, priorizamos momentos de presencia genuina que refuerzan los lazos humanos y cultivan el bienestar. Así, la tecnología se transforma de una fuente de distracción a una herramienta que potencializa nuestras experiencias y apoya nuestro crecimiento emocional.

Comprender y ajustar esta relación es como afinar un instrumento en una gran orquesta: cada elección consciente contribuye a una melodía armoniosa, en la cual el equilibrio entre lo digital y lo humano crea una vida más plena, conectada y significativa.

Capítulo 41
El Arte de la Adaptación

La vida es un flujo constante, como un río que atraviesa paisajes variados, desafiándonos a comprender y dominar su dinámica para avanzar con propósito y equilibrio. Cada cambio representa un momento de transformación inevitable, capaz de redefinir la trayectoria de nuestras elecciones y de sacarnos del confort de lo previsible. Así como un canoísta en medio de los rápidos, somos invitados a enfrentar las adversidades con coraje, ajustando nuestros movimientos a la fuerza de las circunstancias que nos rodean. Esta habilidad de adaptación no es solo una reacción; es un arte refinado que combina aceptación, flexibilidad y resiliencia, permitiéndonos transformar desafíos en oportunidades para el crecimiento personal y la renovación.

Aceptar la mutabilidad como una constante es el primer paso para navegar por las aguas inciertas de la existencia. Al reconocer que la vida está en constante transformación, aprendemos a abandonar la resistencia improductiva y a abrazar lo nuevo como una oportunidad de aprendizaje. Sin embargo, aceptar no significa resignarse; implica observar cada cambio con claridad y buscar formas de actuar proactivamente. Esta postura es esencial para mantener la mente abierta y explorar caminos que nos ayuden a crecer, incluso cuando somos confrontados con giros inesperados.

Además, la flexibilidad se convierte en una herramienta indispensable para ajustar el curso cuando lo inesperado altera el panorama. Enfrentar cambios exige la capacidad de reinterpretar los desafíos y reformular nuestras estrategias para seguir adelante. Es en este contexto que la resiliencia brilla como una cualidad indispensable, garantizando que, tras cada caída, haya fuerza para recomenzar. Aliada a estas virtudes, el optimismo actúa como una brújula, apuntando hacia las posibilidades que surgen en cada situación, iluminando el camino con esperanza y propósito. Con autoconocimiento, planificación y apoyo social, logramos transformar el arte de la adaptación en una guía segura para enfrentar cualquier corriente que la vida nos presente.

Los cambios son inevitables, una constante en un universo en permanente transformación. Pueden ser planeados, como un cambio de casa o de empleo, o inesperados, como una pérdida, una enfermedad o una crisis global. Independientemente de su naturaleza, los cambios nos sacan de nuestra zona de confort, nos desafían a reevaluar nuestras creencias y valores, y nos impulsan a crecer y a adaptarnos.

Navegando por los rápidos de la vida:

Aceptación: El primer paso para lidiar con los cambios es aceptarlos como parte natural de la vida. Resistir al cambio es como remar contra la corriente, gastando energía y frustrándose sin necesidad. Aceptar el cambio es como dejarse llevar por la corriente, confiando en la fuerza del río y adaptándose a su flujo.

Flexibilidad: La flexibilidad es la capacidad de adaptarse a las nuevas circunstancias, de cambiar de dirección cuando es necesario y de encontrar soluciones creativas para los desafíos que surgen. Es como el canoísta que usa el remo para maniobrar el barco, sorteando los obstáculos y siguiendo el curso del río.

Resiliencia: La resiliencia es la capacidad de recuperarse de las adversidades, de aprender de las experiencias difíciles y de seguir adelante con fuerza y optimismo. Es como el canoísta que, tras caer al agua, se levanta, vuelve a subir al barco y continúa remando con determinación.

Optimismo: Mantener una perspectiva positiva ante los cambios, enfocándose en las oportunidades y en las posibilidades que traen, es como tener un faro que ilumina el camino, guiándonos en medio de la oscuridad.

Autoconocimiento: Comprender tus propias emociones, tus límites y tus necesidades es esencial para navegar por los cambios con más consciencia y equilibrio. Es como conocer el propio barco, sus capacidades y sus límites, para poder navegar con seguridad.

Planificación: Cuando el cambio es planeado, la planificación es como un mapa que nos guía hacia nuestro destino, ayudándonos a prepararnos para los desafíos y a organizar los recursos necesarios.

Apoyo social: Contar con el apoyo de personas queridas, compartir tus sentimientos y buscar ayuda cuando es necesario es como tener un equipo de apoyo que nos auxilia en la navegación, dándonos fuerza y seguridad para enfrentar los rápidos.

El arte de la adaptación es, sobre todo, una celebración de nuestra capacidad de evolucionar ante los cambios inevitables de la vida. Cada desafío enfrentado con aceptación y flexibilidad fortalece nuestras habilidades para fluir con las circunstancias, transformando incertidumbres en nuevos comienzos y oportunidades.

Al desarrollar resiliencia y cultivar el optimismo, aprendemos a encarar lo inesperado como una invitación para crecer y redescubrir nuestro potencial. En este proceso, el autoconocimiento y el apoyo de aquellos que amamos se convierten en brújulas indispensables, guiándonos con claridad y confianza.

Así, navegamos por las aguas imprevisibles de la existencia, no como víctimas de las corrientes, sino como maestros de nuestro recorrido, conduciendo la embarcación de la vida con coraje, propósito y el arte de transformar cada cambio en un paso hacia la realización plena.

Capítulo 42
La Brújula de la Inteligencia Emocional

La vida es una jornada repleta de decisiones que moldean nuestro camino, y la inteligencia emocional es el instrumento esencial que nos guía a través de esa complejidad. Cada elección que hacemos es una oportunidad de alinear nuestras acciones con nuestros valores, superar desafíos y encontrar significado en nuestra trayectoria. Al comprender el papel fundamental de las emociones en nuestras decisiones, nos convertimos en navegantes más conscientes y eficaces, capaces de construir una vida coherente con nuestros objetivos y aspiraciones.

La inteligencia emocional actúa como un sistema de navegación interno, permitiéndonos interpretar las señales de las emociones y utilizarlas como herramientas de discernimiento. No solo nos ayuda a comprender cómo nos sentimos ante una elección, sino también a evaluar cómo nuestras emociones influyen en nuestras percepciones y prioridades. A través de esta habilidad, transformamos la toma de decisiones en un proceso que equilibra lógica e intuición, racionalidad y sensibilidad.

Más que un simple recurso, la inteligencia emocional nos capacita para reconocer nuestros miedos, dudas e incertidumbres sin permitir que dominen nuestra trayectoria. Promueve la autoconfianza necesaria para encarar elecciones difíciles y la flexibilidad para ajustar nuestra ruta conforme surgen los desafíos. Esta combinación de autoconocimiento, análisis consciente y gestión emocional es lo que nos permite navegar por escenarios complejos con claridad y determinación, manteniéndonos conectados a nuestros verdaderos propósitos.

Tomar decisiones es un arte que requiere no solo racionalidad y lógica, sino también la capacidad de comprender y gestionar las emociones. Las emociones influyen en nuestras percepciones, moldean nuestras prioridades y nos impulsan hacia ciertas elecciones. La inteligencia emocional nos permite usar las emociones como aliadas en el proceso de toma de decisiones, ayudándonos a hacer elecciones más conscientes, equilibradas y auténticas.

Mapeando el camino de las decisiones:

Autoconocimiento: El primer paso para tomar decisiones más conscientes es conocerse profundamente, comprendiendo tus valores, tus necesidades, tus deseos y tus objetivos de vida. Es como identificar el punto de partida en el mapa, el lugar de donde estás partiendo y hacia dónde deseas llegar.

Claridad y foco: Define claramente qué deseas alcanzar con tu decisión, cuáles son tus objetivos y cuáles son los criterios más importantes a considerar. Es como trazar la ruta en el mapa, definiendo el destino y los puntos de referencia a lo largo del camino.

Análisis racional: Evalúa las diferentes opciones, sopesa los pros y los contras de cada una, y busca información relevante que pueda ayudarte a hacer una elección más informada. Es como estudiar el mapa con atención, identificando los diferentes caminos, los obstáculos y los recursos disponibles.

Intuición y emociones: Presta atención a tu intuición, a tus sentimientos y a las sensaciones que cada opción te causa. Las emociones pueden darnos pistas valiosas sobre cuál camino está más alineado con nuestros valores y nuestras necesidades más profundas. Es como sentir la dirección del viento, que puede guiarnos en medio de la niebla.

Gestión del miedo: El miedo puede paralizarnos ante decisiones importantes, impidiéndonos arriesgar y seguir adelante. Reconoce tus miedos, pero no te dejes dominar por ellos. Recuerda que el coraje no es la ausencia de miedo, sino la capacidad de actuar a pesar de él.

Confianza y autoeficacia: Cree en tu capacidad de hacer la elección correcta, de lidiar con las consecuencias de tu decisión y de aprender de tus errores. La confianza en ti mismo es como el timón del barco, que nos mantiene en el curso correcto, incluso en medio de las tormentas.

Flexibilidad y adaptación: No siempre las cosas salen como planeamos. Estate abierto a cambiar de dirección, a reevaluar tus elecciones y a adaptarte a las nuevas circunstancias. La flexibilidad es como la vela del barco, que se ajusta a la dirección del viento, impulsándonos hacia nuestro destino.

La inteligencia emocional es la brújula que nos mantiene alineados a nuestros valores y propósitos mientras navegamos por las complejidades de la vida. Nos enseña que cada decisión conlleva no solo una elección racional, sino también una resonancia emocional que necesita ser acogida y comprendida.

Al integrar autoconocimiento, intuición y análisis consciente, adquirimos la habilidad de actuar con claridad, incluso ante las incertidumbres. Esta práctica no solo fortalece nuestra capacidad de decisión, sino que también nos permite crear caminos más auténticos y significativos en nuestra jornada.

Con la inteligencia emocional como guía, aprendemos a ajustar nuestras velas, enfrentar las tormentas y aprovechar los vientos favorables. Así, seguimos adelante, construyendo una trayectoria que refleja no solo quiénes somos, sino también quiénes deseamos convertirnos, con confianza, equilibrio y determinación.

Capítulo 43
Alineando Emociones con Objetivos

La vida puede ser comprendida como una jornada cuidadosamente planeada, en la que cada decisión tomada establece el curso que nos conduce al alcance de nuestros sueños y metas. En este escenario, los objetivos desempeñan el papel de un mapa claro, señalando la dirección correcta, mientras que las emociones funcionan como la fuerza motriz que alimenta nuestro progreso. Establecer una conexión armoniosa entre las emociones y los objetivos es el diferencial que transforma la caminata hacia nuestros propósitos en una experiencia más fluida y eficiente. Así como un navegante ajusta las velas para aprovechar el viento a favor, alinear las emociones con los objetivos permite que avancemos de manera más equilibrada y alineada con lo que realmente importa.

Reconocer la importancia de las emociones en la búsqueda de metas es fundamental para alcanzar resultados consistentes y satisfactorios. No son meros impulsos o reacciones momentáneas, sino indicadores poderosos de nuestros deseos y valores más profundos. Cuando utilizamos nuestras emociones como aliadas en el proceso de definición de metas, estamos fortaleciendo nuestra capacidad de mantener el foco y la motivación, incluso ante desafíos y cambios inevitables. De esta forma, logramos transformar potenciales obstáculos en oportunidades de aprendizaje y crecimiento personal, sin perder de vista la dirección definida.

Al integrar emoción y razón en la planificación de nuestras metas, creamos una base sólida para decisiones más conscientes y eficaces. Esto significa reconocer que cada paso en dirección a nuestros objetivos debe reflejar no solo lo que queremos alcanzar, sino también quiénes somos y qué nos mueve internamente. Esta aproximación permite una relación más saludable con el proceso, promoviendo el autoconocimiento y aumentando las probabilidades de perseverancia a lo largo del camino. La jornada, entonces, deja de ser solo una búsqueda incesante de resultados y se convierte en una experiencia enriquecedora en sí misma.

Por último, alinear emociones y objetivos es una invitación a vivir de manera más auténtica y plena. Este alineamiento no elimina los desafíos, pero nos prepara para enfrentarlos con resiliencia y confianza, sabiendo que estamos navegando con propósito y claridad. Así como un navegante confía en el equilibrio entre viento, marea y dirección para alcanzar su destino, aquellos que ajustan sus emociones para armonizarse con sus metas descubren una fuente renovable de energía e inspiración. Esta integración es la clave para transformar sueños en realidad y construir una trayectoria de realizaciones genuinas y significativas.

Definir metas es un proceso esencial para dar dirección y propósito a la vida. Metas claras y bien definidas nos motivan a actuar, a superar los obstáculos y a persistir en nuestros esfuerzos. Sin embargo, definir metas no es suficiente. Es preciso que estas metas estén alineadas con nuestras emociones, con nuestros valores y con nuestros deseos más profundos. Cuando existe esta sintonía entre razón y emoción, la jornada se vuelve más placentera, significativa y realizadora.

Trazando la ruta de la vida:

Sueños y aspiraciones: El punto de partida para definir metas es conectar con tus sueños y aspiraciones, con aquello que realmente te importa. Es como elegir el destino del viaje, el lugar que anhelas conocer y explorar.

Valores y propósitos: Las metas que definimos deben estar alineadas con nuestros valores y propósitos de vida, con aquello que nos da sentido y dirección. Es como elegir el tipo de barco que te llevará a tu destino, aquel que representa tus ideales y tus creencias.

Metas SMART: Las metas deben ser específicas, medibles, alcanzables, relevantes y con plazo definido. Esta metodología, conocida como SMART, nos ayuda a definir metas más claras, objetivas y realistas. Es como trazar la ruta en el mapa con precisión, definiendo las coordenadas, la distancia a recorrer y el tiempo estimado de llegada.

Visualización: Visualizarte a ti mismo alcanzando tus metas, experimentando las emociones positivas y los beneficios que traerán, es como sentir el viento soplando en las velas, impulsando el barco hacia el destino. La visualización creativa es una herramienta poderosa para fortalecer la motivación y la confianza.

Planificación y acción: Definir metas sin actuar es como tener un mapa sin salir del lugar. Es preciso trazar un plan de acción, definir las etapas a seguir y comprometerse con la realización de las tareas necesarias. Es como levantar anclas, izar las velas y comenzar a navegar hacia el horizonte.

Flexibilidad y adaptación: No siempre el camino es lineal y previsible. Estate preparado para cambiar de ruta, reevaluar tus metas y adaptarte a las nuevas circunstancias. La flexibilidad es como la capacidad del navegante de ajustar las velas del barco a los cambios del viento, manteniendo el curso hacia el destino.

Celebración y reconocimiento: Reconocer y celebrar cada etapa superada, cada obstáculo vencido y cada meta alcanzada es como hacer una fiesta a bordo del barco, reconociendo el esfuerzo y la dedicación de la tripulación. La celebración renueva las energías y fortalece la motivación para continuar la jornada.

Alinear emociones con objetivos es una jornada que une razón y corazón en una trayectoria auténtica y transformadora. Este equilibrio nos permite avanzar con claridad, nutriendo una conexión profunda entre nuestros sueños y las acciones que nos llevan a ellos. Al escuchar nuestras emociones, descubrimos motivaciones genuinas que hacen que cada paso sea más significativo y recompensador.

Al integrar valores personales, planificación estratégica y la capacidad de adaptación, creamos un camino que refleja quiénes realmente somos. La resiliencia y la flexibilidad nos convierten en navegantes hábiles, capaces de ajustar el curso sin perder de vista el destino, incluso en medio de los vientos imprevisibles de la vida.

Con este alineamiento, la búsqueda de los objetivos deja de ser solo una meta a alcanzar y se transforma en una experiencia de crecimiento y celebración. Con cada logro, reafirmamos nuestro propósito, renovamos nuestras energías y fortalecemos la certeza de que, con razón y emoción en armonía, el horizonte de nuestros sueños está siempre a nuestro alcance.

Capítulo 44
Superando Traumas

Un trauma puede ser descrito como una marca profunda en el alma, una experiencia que desafía nuestra capacidad de lidiar con las adversidades y deja rastros en forma de dolores emocionales y psicológicos. La superación de un trauma no es solo un deseo, sino una necesidad para restaurar el equilibrio interno, redescubrir la fuerza interior y retomar el control sobre la propia vida. Enfrentar traumas exige coraje y un compromiso con la propia cura, un proceso que involucra no solo reconocer el dolor, sino transformarlo en aprendizaje y crecimiento. Esta jornada, aunque desafiante, es la clave para la resignificación de nuestras experiencias y la construcción de una vida más resiliente y significativa.

Los traumas psicológicos, a menudo, emergen de eventos inesperados y avasalladores, como accidentes, violencia, pérdidas irreparables o desastres naturales, que amenazan directamente nuestra integridad física o emocional. Estas experiencias pueden desencadenar respuestas intensas, como miedo, desamparo y aislamiento, que persisten incluso después del término del evento traumático. Las consecuencias son variadas y pueden incluir síntomas como ansiedad constante, dificultad para dormir, pensamientos intrusivos o incluso desafíos para establecer relaciones interpersonales saludables. Sin embargo, reconocer estas manifestaciones como partes de un proceso natural es esencial para comenzar la caminata rumbo a la cura y a la libertad emocional.

Superar un trauma no es olvidar o borrar el pasado, sino construir nuevos significados y abrir caminos para una vida más leve y plena. Esto involucra buscar apoyo profesional, adoptar prácticas de autocuidado e invertir en estrategias terapéuticas que ayuden a procesar las memorias difíciles. Así, al involucrarse con este proceso, el dolor del trauma puede transformarse en una poderosa herramienta de autodescubrimiento y fortalecimiento personal. No importa cuán larga y desafiante la jornada pueda parecer, ella carga en sí la promesa de un futuro repleto de posibilidades y de un reencuentro con la paz interior.

Un trauma psicológico es una respuesta emocional intensa a un evento avasallador que amenaza nuestra integridad física o emocional. Accidentes, violencia, abuso, pérdidas significativas, desastres naturales – estos son algunos ejemplos de eventos que pueden causar traumas psicológicos. Las heridas de un trauma pueden manifestarse de diversas formas, como ansiedad, depresión, insomnio, pesadillas, flashbacks, dificultad de concentración y problemas de relacionamiento.

Trilhando el camino de la cura:

Reconocer y aceptar el trauma: El primer paso para superar un trauma es reconocerlo y aceptarlo como parte de tu historia. Negar o reprimir el dolor del trauma es como tratar de esconder una herida abierta, impidiendo que se cure. Reconocer el trauma es como limpiar la herida, permitiendo que el proceso de cura se inicie.

Buscar apoyo profesional: Superar un trauma puede ser un proceso desafiante, y buscar ayuda de un profesional de la salud mental es fundamental para recibir el soporte y la orientación necesarios. Un terapeuta calificado puede ofrecerte un espacio seguro para explorar tus emociones, comprender los impactos del trauma y desarrollar estrategias de enfrentamiento.

Técnicas terapéuticas: Existen diversas abordajes terapéuticas que pueden auxiliar en la superación de traumas, como la terapia cognitivo-comportamental (TCC), la terapia EMDR (Desensibilización y Reprocesamiento por Movimientos Oculares) y la terapia somática. Estas terapias utilizan técnicas específicas para procesar las memorias traumáticas, reducir los síntomas de ansiedad y estrés postraumático, y promover la regulación emocional.

Autocuidado: Cuidar de ti mismo es esencial durante el proceso de cura de un trauma. Prioriza hábitos saludables, como una alimentación equilibrada, la práctica regular de ejercicios físicos, el sueño adecuado y el contacto con la naturaleza. Dedica tiempo a actividades que te traigan placer y relajación, como la lectura, la música, el contacto con amigos y familiares.

Autocompasión: Sé gentil y comprensivo contigo mismo durante esta jornada. Reconoce que estás pasando por un momento difícil y que es natural sentir dolor, miedo e inseguridad. Trátate con la misma compasión y cuidado que ofrecerías a un amigo querido.

Resignificación: La superación de un trauma puede ser una oportunidad para resignificar la experiencia dolorosa, encontrando aprendizajes y transformando el dolor en fuerza y resiliencia. Es como transformar la herida en una cicatriz que cuenta una historia de superación y coraje.

Reconstrucción: Tras el proceso de cura, es hora de reconstruir la vida con base en nuevos cimientos, más fuertes y resilientes. Define nuevas metas, busca nuevos sueños, cultiva relaciones saludables y abraza la vida con renovada esperanza y confianza.

Superar un trauma es un acto de coraje y renovación, una jornada que transforma heridas profundas en marcos de superación y fuerza. Reconocer el dolor y buscar apoyo son pasos fundamentales para abrir espacio para la cura, permitiendo que memorias difíciles se tornen aprendizajes y que emociones intensas encuentren equilibrio.

A medida que el proceso de autocompasión y autocuidado se desarrolla, el trauma deja de ser una sombra opresiva y se torna una parte de la historia personal que nos hace más resilientes y conscientes de nuestro poder de transformación. Esta resignificación es una invitación para descubrir nuevos significados en la vida y construir una relación más saludable consigo mismo y con los otros.

Cada paso en el camino de la cura es un recordatorio de que, incluso ante las adversidades más desafiantes, es posible encontrar la paz interior y crear un futuro repleto de posibilidades, guiado por la fuerza interior que florece en el corazón de quien elige seguir adelante.

Capítulo 45
Lidiando con la Pérdida

Lidiar con la pérdida es una experiencia que involucra enfrentar la interrupción abrupta de algo o alguien que marcó profundamente nuestra existencia. Así como una tormenta que devasta el jardín de la vida, la pérdida nos confronta con la destrucción de lo que conocíamos y valorábamos, exigiendo que lidemos con los destrozos emocionales y espirituales dejados atrás. Sin embargo, más que un momento de sufrimiento, esta experiencia marca el inicio de un proceso complejo y transformador, donde el dolor de la ausencia es resignificado en memoria, aprendizaje y reconstrucción. Este recorrido es una parte esencial de la condición humana, siendo tanto un desafío como una oportunidad de autodescubrimiento y crecimiento.

La pérdida se manifiesta de diferentes formas —sea por la muerte de un ser querido, por la disolución de una relación, por la pérdida de un empleo, de un sueño o incluso de una fase importante de la vida. Independientemente de su naturaleza, ella nos fuerza a reevaluar nuestra percepción de estabilidad y seguridad, desafiándonos a encontrar significado en la ausencia. Este proceso exige una inmersión profunda en nuestras emociones, donde el luto actúa como un espacio seguro para expresar lo que sentimos y comenzar a comprender el impacto de aquello que se fue. No se trata solo de superar, sino de integrar la pérdida como parte de nuestra historia, reconociendo su papel en la construcción de quienes somos.

A medida que caminamos por el valle del luto, somos llamados a cultivar un equilibrio entre aceptar la realidad irreversible y reconstruir nuestras vidas con nuevos significados. Este camino requiere compasión consigo mismo, paciencia y coraje para acoger los recuerdos y la nostalgia sin dejarse paralizar por ellos. Honrar aquello que se perdió, sea por medio de rituales, memorias o acciones que mantengan viva su esencia, es una forma de transformar el dolor en una fuerza de renovación. Así, el proceso de lidiar con la pérdida no es solo un acto de resistencia, sino también una jornada de recreación, donde, poco a poco, el jardín devastado comienza a florecer nuevamente.

La pérdida es una experiencia universal, una parte inevitable de la vida. Podemos perder personas queridas, relaciones, empleos, bienes materiales, la salud, los sueños, la juventud. Cada pérdida deja una marca en nuestra historia, una cicatriz que nos recuerda la fragilidad de la vida y la importancia de valorar cada momento.

Atravessando el valle del luto:

Permitirse sentir el dolor: Negar o reprimir el dolor de la pérdida es como tratar de contener la tormenta, impidiendo que siga su curso natural. Permitirse sentir el dolor, llorar, lamentar, expresar tu tristeza y tu añoranza es como dejar la lluvia caer, lavando el alma y limpiando el terreno para la renovación.

Respetar tu tiempo: El proceso de luto es único para cada persona y no hay un tiempo determinado para que se concluya. Respeta tu propio ritmo, sin compararte con los otros o exigirte "superar" la pérdida rápidamente. Es como esperar que el suelo se seque naturalmente después de la lluvia, sin forzar el proceso.

Cuidar de ti mismo: En medio del dolor de la pérdida, es fundamental priorizar el autocuidado. Aliméntate de forma saludable, practica ejercicios físicos regularmente, duerme lo suficiente y reserva tiempo para actividades que te traigan confort y relajación. Es como nutrir las plantas del jardín con agua y luz, ayudándolas a recuperarse de la tormenta.

Honrar la memoria: Encontrar formas de honrar la memoria de aquello que se perdió puede traer confort y ayudar en el proceso de cura. Crear un memorial, escribir una carta de despedida, compartir historias y recuerdos con personas queridas son formas de mantener viva la conexión con lo que se fue. Es como plantar una nueva flor en el jardín, en homenaje a aquella que se perdió.

Aceptar la nueva realidad: La pérdida nos obliga a aceptar una nueva realidad, un mundo sin la presencia de aquello que se fue. Esta aceptación no significa olvidar o dejar de amar, sino encontrar una forma de seguir adelante, integrando la pérdida a tu historia y construyendo un nuevo capítulo en tu vida. Es como rediseñar el jardín, creando un nuevo paisajismo que honre el pasado y abrace el futuro.

Buscar apoyo social: Compartir tu dolor con personas queridas, buscar grupos de soporte o recurrir a la ayuda de un profesional de la salud mental puede ofrecerte el confort, la comprensión y el apoyo necesarios para atravesar el proceso de luto. Es como recibir la ayuda de otros jardineros para reconstruir el jardín después de la tormenta.

Encontrar un nuevo propósito: La pérdida puede llevarnos a cuestionar el sentido de la vida y a buscar nuevos propósitos y motivaciones. Encontrar nuevas pasiones, dedicarse a causas sociales, ayudar al prójimo o conectarse con la espiritualidad pueden traer un nuevo sentido a la vida y ayudar a reencontrar la alegría y la esperanza. Es como descubrir nuevas semillas para plantar en el jardín, cultivando la vida con renovado entusiasmo.

Lidiar con la pérdida es un proceso que exige entrega y coraje, una invitación para honrar lo que se fue mientras se construye algo nuevo. Permitirse vivir el dolor es esencial, pues cada lágrima derramada es parte del camino que nos conduce a la aceptación y al reencuentro con nuestra fuerza interior.

Al integrar memorias con nuevos significados, cultivamos un terreno fértil para el florecimiento de nuevas esperanzas. Con paciencia y cuidado, comenzamos a ver más allá de la tormenta, percibiendo que la esencia de lo que amamos permanece viva en nuestras acciones, recuerdos y transformaciones.

Esta jornada de reconstrucción nos enseña que, incluso ante la ausencia, es posible redescubrir alegría y propósito. En el jardín de la vida, las flores que perdemos abren espacio para nuevas semillas, renovando el ciclo de la existencia y fortaleciendo nuestra capacidad de seguir adelante con coraje y amor.

Capítulo 46
Aceptación:
Abrazando la Realidad con Serenidad

La aceptación es la habilidad de acoger la vida como se presenta, sin resistencias o juicios, permitiendo que cada experiencia, emoción o pensamiento fluya con naturalidad. No exige resignación, sino un acto consciente de reconocimiento e integración de la realidad, comprendiendo que el universo sigue su curso con o sin nuestra intervención. Así como un río que atraviesa montañas y valles, la aceptación nos invita a observar y vivir plenamente cada momento, entendiendo que los cambios e impermanencias forman parte de la existencia. La resistencia, por su parte, se convierte en el peso que nos impide disfrutar de la ligereza del flujo de la vida.

Aceptar la realidad es un ejercicio de coraje y sabiduría, una invitación a relacionarnos con nuestras emociones y pensamientos de manera más compasiva. Este proceso comienza cuando abandonamos la lucha contra aquello que no podemos cambiar, reconociendo las circunstancias como son. No significa desistir o acomodarse, sino percibir que, al aceptar, liberamos energía para transformar lo que está a nuestro alcance y para lidiar con lo que está más allá de nuestro control.

La aceptación nos conecta al presente, permitiéndonos reconocer las bellezas y desafíos de cada instante como parte de un todo mayor y armónico.

En la práctica, aceptar implica una mirada gentil hacia nuestras imperfecciones, entendiendo que no nos definen, sino que enriquecen nuestra jornada. Es un acto de profunda autoaceptación y amor propio, al mismo tiempo que amplía nuestra compasión por los demás y por el mundo a nuestro alrededor. Es permitir que los altos y bajos de la vida coexistan, como el contraste necesario para que podamos apreciar plenamente la belleza de la existencia. Al aceptar, encontramos serenidad incluso en las adversidades, y descubrimos que la paz interior no está en la ausencia de desafíos, sino en la forma en que nos relacionamos con ellos.

La aceptación no es pasividad o resignación. Es una elección consciente de abrazar la realidad como es, con sus altos y bajos, sus alegrías y tristezas, sus aciertos y errores. Es reconocer que la vida es un flujo constante de cambios, y que la resistencia a este flujo solo genera tensión y sufrimiento.

Encontrando la paz en la aceptación:

Aceptar las emociones: La aceptación comienza con la aceptación de las propias emociones, sean agradables o desagradables. Es permitirse sentir la alegría, la tristeza, la rabia, el miedo, sin juicios o resistencia. Es como observar las olas del mar, dejándolas ir y venir sin intentar controlarlas.

Aceptar los pensamientos: Así como las emociones, los pensamientos también van y vienen, como nubes que pasan por el cielo de la mente. Aceptar los pensamientos es observarlos sin identificarse con ellos, sin dejarse llevar por ellos. Es como observar las nubes pasando, sin intentar agarrarlas o alejarlas.

Aceptar las imperfecciones: La aceptación implica reconocer y aceptar las propias imperfecciones, tus límites y tus fragilidades. Es abandonar la búsqueda por la perfección y amarse como eres, con tus defectos y cualidades. Es como aceptar las piedras en el camino del río, reconociendo que forman parte del paisaje.

Aceptar el presente: Aceptar el presente es vivir el aquí y ahora, sin aferrarse al pasado o preocuparse por el futuro. Es apreciar la belleza del momento presente, con sus desafíos y oportunidades. Es como bañarse en las aguas del río, sintiendo su temperatura, su movimiento, su energía.

Aceptar el cambio: El cambio es la única constante en la vida. Aceptar el cambio es adaptarse al flujo de la vida, dejar ir lo que ya no sirve y abrazar lo nuevo con valentía y curiosidad. Es como seguir el curso del río, confiando en que te llevará a nuevos horizontes.

Aceptar la incertidumbre: La vida está llena de incertidumbres, e intentar controlarlo todo es una ilusión. Aceptar la incertidumbre es confiar en la sabiduría de la vida, entregarse al flujo del universo y aceptar que no todo está bajo nuestro control. Es como navegar por el río sin saber exactamente lo que te espera, pero confiando en que la corriente te llevará a un buen lugar.

Aceptación y espiritualidad: Para muchas personas, la aceptación está profundamente ligada a la espiritualidad. La creencia en una fuerza superior, en un propósito mayor o en un orden cósmico puede traer confort y aceptación ante las dificultades de la vida. Es como sentirse parte de algo más grande, confiando en que el río de la vida desemboca en un océano de amor y sabiduría.

La aceptación es la llave que abre las puertas para una existencia más leve y significativa. Al acoger la realidad como es, sin resistencias o juicios, nos liberamos de la carga emocional de luchar contra lo incontrolable. Esta entrega consciente nos conecta al momento presente, donde reside la verdadera serenidad.

Aceptar los cambios, los altibajos y las incertidumbres es reconocer que somos parte de un flujo continuo, donde cada experiencia, sea desafiante o enriquecedora, contribuye a nuestro crecimiento. En este movimiento, aprendemos que la paz interior nace de la armonía con la realidad y no de su negación.

Esta práctica nos enseña a caminar por la vida con más compasión por nosotros mismos y por los demás, transformando desafíos en aprendizajes e imperfecciones en belleza. Así, el acto de aceptar no es una renuncia, sino una celebración de lo que significa estar plenamente vivo, fluyendo como el río que siempre encuentra su camino.

Capítulo 47
Explorando las Profundidades de la Psique

La mente humana puede ser comprendida como un vasto y complejo sistema, en el que solo una pequeña parte es accesible a la percepción consciente. Los pensamientos y emociones que identificamos en el día a día forman la superficie de una estructura mucho más profunda, repleta de memorias, creencias y emociones que operan silenciosamente en el inconsciente. La exploración de este territorio oculto no es solo un viaje introspectivo; es una oportunidad de revelar las raíces de patrones de comportamiento, superar barreras internas y acceder a la riqueza de recursos que moldean la esencia de quienes somos. Esta jornada de autodescubrimiento es, al mismo tiempo, desafiante y transformadora, permitiéndonos acceder a capas inexploradas de nuestra psique para promover el crecimiento y la libertad.

El proceso de autoconocimiento profundo exige coraje para confrontar lo desconocido. Al sumergirnos en la inmensidad del inconsciente, nos encontramos con contenidos reprimidos que pueden estar influenciando nuestras decisiones y emociones. Estos descubrimientos, a veces incómodos, son fundamentales para la transformación. Identificar los patrones que rigen nuestras acciones y reconocer creencias limitantes nos ofrece una visión clara sobre lo que nos ha impedido de alcanzar nuestro potencial. Este entendimiento no solo ilumina el camino para el crecimiento personal, sino que también nos prepara para lidiar de forma más consciente y asertiva con los desafíos de la vida.

Más que un simple ejercicio de introspección, explorar la mente humana involucra reconocer que está compuesta de dimensiones arquetípicas y simbólicas. Los arquetipos, como figuras universales de sabiduría y transformación, nos ayudan a comprender los roles que desempeñamos y los desafíos que enfrentamos. Los símbolos, al traducir los misterios del inconsciente en formas comprensibles, se convierten en guías indispensables en esta jornada. La integración de nuestras sombras – los aspectos que rechazamos o negamos en nosotros mismos – es un paso esencial para alcanzar un estado de equilibrio. Cuando acogemos estas partes de nuestra psique, descubrimos la capacidad de transformar vulnerabilidades en fuerzas y miedos en aprendizaje.

Así, la exploración de las profundidades de la psique no es solo una búsqueda por respuestas, sino una caminata rumbo a la libertad y la realización. Al conectarnos con los aspectos más profundos de nuestra mente, adquirimos herramientas para rediseñar nuestro presente y construir un futuro alineado con nuestra esencia.

El autoconocimiento profundo va más allá de la simple identificación de las emociones y pensamientos superficiales. Es una búsqueda por la comprensión de nuestra esencia, de nuestra historia, de las fuerzas que nos motivan y de los miedos que nos limitan. Es una jornada de autodescubrimiento que nos permite desvelar el laberinto de nuestra mente y nos liberar de las ataduras del pasado.

Sumergiéndonos en las profundidades:

Exploración del inconsciente: El inconsciente es un reservorio de memorias, emociones, creencias y experiencias que influencian nuestro comportamiento sin que tengamos consciencia de ellos. A través de técnicas como el psicoanálisis, la hipnosis y la meditación, podemos acceder al inconsciente y traer a la superficie contenidos reprimidos que pueden estar bloqueando nuestro crecimiento y nuestra felicidad.

Identificación de patrones: Muchas veces, repetimos patrones de comportamiento disfuncionales sin percibir, como si estuviéramos presos en un ciclo vicioso. El autoconocimiento profundo nos permite identificar estos patrones, comprender sus orígenes y desarrollar estrategias para quebrarlos.

Creencias limitantes: Creencias limitantes son como cadenas que nos atan al pasado, impidiéndonos alcanzar nuestro potencial. El autoconocimiento profundo nos permite identificar estas creencias, cuestionarlas y sustituirlas por creencias más empoderadoras.

Sombra interior: Todos tenemos una sombra interior, una parte de nosotros que rechazamos o escondemos, compuesta por aspectos que consideramos negativos o inaceptables. Integrar la sombra es aceptar estas partes de nosotros mismos, comprenderlas y transformarlas en fuerzas positivas.

Arquetipos y símbolos: Los arquetipos son patrones universales de comportamiento y experiencia que se manifiestan en nuestra psique, como el héroe, la madre, el sabio, la sombra. Los símbolos son imágenes y metáforas que representan estos arquetipos y nos conectan con dimensiones más profundas de nuestro ser. Comprender los arquetipos y los símbolos que nos habitan es como desvelar el lenguaje del inconsciente, accediendo a la sabiduría ancestral que reside en nosotros.

Jornada del héroe: La jornada del héroe es una metáfora para el proceso de autoconocimiento y transformación personal. Así como el héroe enfrenta desafíos, supera obstáculos y retorna transformado de su jornada, nosotros también podemos aventurarnos en una jornada interior de autodescubrimiento, enfrentando nuestros miedos, curando nuestras heridas y despertando nuestro potencial máximo.

Explorar las profundidades de la psique es embarcar en una jornada íntima y transformadora, donde cada descubrimiento nos aproxima de nuestra esencia. A medida que desvelamos los misterios del inconsciente, adquirimos la claridad necesaria para comprender patrones, integrar nuestras sombras y acceder a recursos internos que antes parecían fuera de alcance.

Esta búsqueda no es lineal, pero rica en aprendizaje. Al reconocer y aceptar tanto nuestras fuerzas como nuestras vulnerabilidades, abrimos camino para una conexión más genuina con nosotros mismos. En este proceso, arquetipos y símbolos se convierten en aliados preciosos, traduciendo lo incomprensible en insights que iluminan nuestra jornada.

El mergulho en la psique no solo revela quiénes somos, sino también quiénes podemos llegar a ser. Es una travesía de autodescubrimiento y empoderamiento, donde las profundidades de nuestra mente se transforman en un vasto océano de posibilidades, guiándonos rumbo a la libertad y la realización plena.

Capítulo 48
Inteligencia Social

La sociedad funciona como una intrincada red de relaciones humanas, donde cada individuo desempeña un papel único, ligado a otros por hilos invisibles de interacción y dependencia mutua. La inteligencia social es la capacidad de comprender estas conexiones y actuar con habilidad y sensibilidad, fortaleciendo vínculos, promoviendo el entendimiento mutuo y contribuyendo al bienestar colectivo. Más que una simple aptitud, representa un conjunto sofisticado de competencias que posibilitan interpretar las dinámicas sociales, construir relaciones saludables y crear un impacto positivo tanto en pequeños círculos como en comunidades más amplias.

Esta habilidad va más allá de un comportamiento educado o de una comunicación eficaz; se trata de ver las relaciones como un todo, identificando patrones y necesidades que muchas veces están implícitos. Al desarrollar la inteligencia social, una persona se torna capaz de descifrar nuances emocionales y sociales, transformando interacciones cotidianas en oportunidades para profundizar lazos y resolver conflictos. Es como fortalecer una tela de relaciones, donde cada hilo representa confianza, empatía y colaboración, creando una estructura más robusta y resiliente.

Al aplicar la inteligencia social en el día a día, promovemos un ambiente de respeto mutuo y crecimiento conjunto. Comprender emociones ajenas y actuar con compasión permite construir puentes sólidos entre las personas, mientras que una comunicación clara y asertiva facilita el entendimiento y resuelve divergencias de forma pacífica. Esta red de habilidades no solo nos ayuda a enfrentar desafíos interpersonales, sino que también nos posiciona como agentes de transformación social, listos para inspirar y liderar con ética, empatía y propósito.

La inteligencia social va más allá de las habilidades sociales básicas, como la comunicación y la empatía. Es una combinación de competencias que nos permiten comprender las dinámicas sociales, construir relaciones saludables, resolver conflictos de forma constructiva y contribuir a un mundo más justo y compasivo.

Tejiendo la tela de las relaciones:

Comprensión social: La inteligencia social comienza con la capacidad de comprender el comportamiento humano, las emociones, las motivaciones y las interacciones sociales. Es como observar la tela con atención, identificando los diferentes tipos de hilos, sus texturas y sus conexiones.

Empatía y compasión: Ponerse en el lugar del otro, comprender sus sentimientos y perspectivas, y demostrar compasión y solidaridad son habilidades esenciales para construir relaciones auténticas y significativas. Es como elegir los hilos más suaves y resistentes para tejer la tela, aquellos que proporcionan confort y soporte.

Comunicación eficaz: Comunicarse de forma clara, asertiva y respetuosa, expresando sus ideas, necesidades y emociones de forma constructiva, es fundamental para establecer conexiones genuinas y resolver conflictos de forma pacífica. Es como usar un lenguaje común que permite que todos los nodos de la tela se comprendan y se conecten.

Cooperación y colaboración: Trabajar en equipo, compartiendo responsabilidades, respetando las diferencias y buscando soluciones en conjunto, es esencial para el éxito de cualquier grupo o comunidad. Es como unir fuerzas para construir una tela más fuerte y resistente, capaz de soportar los vientos y las tormentas.

Liderazgo inspirador: Líderes con inteligencia social inspiran, motivan y guían a sus seguidores con visión, empatía y ética. Crean un ambiente de confianza y colaboración, donde cada individuo se siente valorizado y motivado a contribuir para el bien común. Es como ser el punto central de la tela, irradiando energía y direccionando el flujo de las relaciones.

Resolución de conflictos: Los conflictos son inevitables en las relaciones humanas, pero la forma como lidiamos con ellos puede fortalecer o debilitar los lazos. La inteligencia social nos permite enfrentar los conflictos con calma, respeto y una búsqueda por soluciones que beneficien a todos los involucrados. Es como reparar los daños en la tela, rehaciendo las conexiones con más fuerza y resiliencia.

Construcción de comunidad: La inteligencia social nos impulsa a contribuir para el bienestar de la comunidad, a promover la justicia social y a construir un mundo más armonioso y sustentable. Es como expandir la tela, creando nuevas conexiones y fortaleciendo los lazos entre los individuos.

La inteligencia social es el cimiento de una convivencia humana más rica, armoniosa y significativa. Nos capacita a ver más allá de las palabras y acciones, interpretando las emociones, intenciones y necesidades que moldean las interacciones. Al cultivarla, transformamos nuestras relaciones en fuentes de aprendizaje mutuo y construcción colectiva.

Esta habilidad nos enseña que cada hilo de la red social que tejemos es esencial, y que actos de empatía, compasión y comunicación sincera tienen el poder de fortalecer las conexiones humanas. Por medio de ella, somos capaces de resolver conflictos con respeto, liderar con integridad y crear ambientes en que todos se sientan valorizados.

Al aplicar la inteligencia social, ampliamos nuestro impacto en el mundo, ayudando a tejer una sociedad más justa, colaborativa y acogedora. En este proceso, descubrimos que el verdadero poder está en nuestras conexiones y en la capacidad de transformar cada interacción en una oportunidad de crecimiento y armonía.

Capítulo 49
Liderazgo y Gestión Emocional

Un líder es la esencia que orienta equipos y organizaciones en medio de las incertidumbres y desafíos, ofreciendo dirección, propósito e inspiración. Liderazgo no es solo guiar; es crear un ambiente de confianza y crecimiento, donde las personas se sientan valorizadas y motivadas a alcanzar lo mejor de sí. Para eso, la gestión emocional se torna un componente indispensable, funcionando como la fuerza estabilizadora que permite al líder enfrentar presiones, comprender las emociones ajenas y actuar con equilibrio en cualquier circunstancia.

La gestión emocional, integrada al liderazgo, es más que solo controlar reacciones; se trata de una habilidad que combina autoconocimiento, empatía e inteligencia emocional para construir conexiones genuinas. Los líderes que dominan esta competencia no solo lidian con desafíos, sino que también transforman obstáculos en oportunidades de aprendizaje y progreso. Demuestran una presencia que inspira confianza, mientras mantienen la claridad necesaria para tomar decisiones en momentos críticos.

En su esencia, el liderazgo con gestión emocional va más allá de liderar con la mente: incorpora el corazón. Esto significa que, al liderar, es fundamental entender las motivaciones y necesidades de los otros, promover un ambiente de apoyo mutuo y comunicarse con propósito. Esta aproximación crea una base sólida para el éxito colectivo, haciendo del líder no solo un guía, sino una fuente de estabilidad y esperanza, incluso en los periodos más tempestuosos.

Liderazgo y gestión emocional se complementan como dos caras de la misma moneda. Un líder que domina el arte de la gestión emocional es capaz de conectar con sus seguidores en un nivel más profundo, inspirándolos a dar lo mejor de sí, a superar los desafíos y a alcanzar resultados extraordinarios. Es el líder que guía con el corazón, con empatía, compasión e inteligencia emocional.

Iluminando el camino del liderazgo:

Autoconocimiento: El líder que se conoce profundamente, que comprende sus fuerzas, debilidades, valores y propósitos, tiene una base sólida para liderar con autenticidad y confianza. Es como el faro que conoce su propia estructura, sus límites y sus capacidades, y que se mantiene firme incluso en medio de las tormentas.

Empatía: La empatía es la capacidad de ponerse en el lugar del otro, de comprender sus sentimientos, necesidades y perspectivas. Un líder empático es capaz de crear conexiones genuinas con sus seguidores, inspirando confianza, lealtad y colaboración. Es como el faro que emite su luz en todas las direcciones, guiando los barcos que se aproximan de diferentes puntos del horizonte.

Comunicación inspiradora: La comunicación es la herramienta más poderosa de un líder. Un líder que se comunica con claridad, pasión y propósito es capaz de inspirar, motivar y movilizar a sus seguidores hacia un objetivo común. Es como el faro que emite señales claras y precisas, orientando los barcos en medio de la oscuridad.

Inteligencia emocional: La inteligencia emocional es la capacidad de comprender y gestionar las emociones, tanto las propias como las de los otros. Un líder con inteligencia emocional es capaz de crear un clima de confianza, respeto y colaboración, donde las personas se sientan a gusto para expresar sus ideas, compartir sus sentimientos y trabajar en equipo. Es como el faro que mantiene su luz encendida incluso en medio de las tormentas, ofreciendo seguridad y estabilidad a los barcos que navegan en sus proximidades.

Motivación: Un líder motivador es capaz de despertar el entusiasmo, la pasión y el compromiso de sus seguidores, inspirándolos a dar lo mejor de sí y a buscar la excelencia. Es como el faro que guía los barcos hacia puertos seguros y prósperos, donde pueden reabastecer sus energías y prepararse para nuevas jornadas.

Resiliencia: La resiliencia es la capacidad de recuperarse de las adversidades, de aprender de los errores y de seguir adelante con fuerza y optimismo. Un líder resiliente es un ejemplo de superación para sus seguidores, mostrando que es posible enfrentar los desafíos y salir más fuerte de las dificultades. Es como el faro que resiste a los vientos fuertes y a las olas gigantes, manteniéndose firme e iluminando el camino incluso en las condiciones más adversas.

Visión y propósito: Un líder con visión y propósito es capaz de inspirar a sus seguidores con un futuro prometedor, mostrándoles el camino a seguir y dándoles un sentido de dirección. Es como el faro que guía los barcos hacia un destino grandioso, un lugar donde pueden realizar sus sueños y contribuir a un mundo mejor.

Liderar con gestión emocional es iluminar caminos en medio de la incertidumbre, ofreciendo no solo dirección, sino también estabilidad e inspiración. Un líder que integra autoconocimiento, empatía e inteligencia emocional se convierte en un ancla para su equipo, ayudándolo a enfrentar desafíos con confianza y resiliencia.

Esta aproximación transforma el liderazgo en un acto de conexión humana. Al escuchar con empatía, comunicarse con claridad y liderar con el ejemplo, el líder crea un ambiente donde el potencial de cada individuo puede florecer. Más que resultados, cultiva un sentido de pertenencia y propósito que fortalece tanto al grupo como a sus objetivos.

Así, el liderazgo con gestión emocional no es solo una habilidad práctica, sino un compromiso con el crecimiento mutuo. Es la luz que guía a equipos y organizaciones más allá de las tormentas, siempre en dirección a puertos más seguros, prometedores y repletos de posibilidades.

Capítulo 50
Gestión Emocional en el Mundo Moderno

El mundo contemporáneo es un entorno acelerado y multifacético, marcado por constantes innovaciones, un flujo interminable de información y desafíos crecientes para nuestra salud emocional. En este contexto, la gestión emocional emerge como una habilidad indispensable, permitiéndonos afrontar los altibajos de la vida moderna con resiliencia y equilibrio. Se trata de una guía interna que nos ayuda a mantener el enfoque en medio del torrente de estímulos, promoviendo elecciones conscientes y alineadas con nuestros valores más profundos.

Ante una rutina cada vez más conectada y exigente, la capacidad de gestionar las emociones va más allá de aliviar el estrés momentáneo. Implica desarrollar una profunda conciencia sobre nuestros sentimientos, identificar desencadenantes emocionales y cultivar prácticas que promuevan el bienestar mental. Esta habilidad nos ayuda a establecer límites saludables en el uso de la tecnología, evitar el desgaste emocional causado por la sobrecarga de información y construir una relación más equilibrada con el entorno digital y social en el que vivimos.

Adoptar la gestión emocional en el día a día es un paso esencial para afrontar los desafíos de la modernidad. Nos ayuda a encontrar propósito en medio de la inestabilidad, a priorizar relaciones auténticas y a cultivar hábitos que sustenten la salud mental y emocional. De esta manera, incluso en el frenético ritmo del mundo actual, podemos crear un espacio de equilibrio y autocuidado, convirtiéndonos en protagonistas de una vida más consciente, conectada y significativa.

El mundo moderno nos presenta una serie de desafíos inéditos para nuestra salud emocional. La aceleración del ritmo de vida, la sobrecarga de información, la conexión constante con el mundo digital, la intensa competitividad y la incertidumbre del futuro pueden generar un estado de alerta permanente, con riesgos de ansiedad, estrés crónico y agotamiento emocional. La gestión emocional se convierte, por lo tanto, en una herramienta indispensable para navegar por este complejo territorio y construir una vida más equilibrada, saludable y significativa.

Navegando por los desafíos de la era digital:

Conciencia emocional en la era digital: El primer paso para la gestión emocional en el mundo moderno es desarrollar la conciencia de nuestras propias emociones y de los impactos de la tecnología en nuestro bienestar. Es como observar el mapa de la metrópoli con atención, identificando los puntos de riesgo, las áreas de congestión y los caminos más tranquilos.

Gestionando la sobrecarga de información: Internet y las redes sociales nos bombardean con un torrente incesante de información, noticias y estímulos visuales. Aprender a filtrar el contenido, seleccionar fuentes confiables y desconectarse cuando sea necesario es esencial para proteger la salud mental y evitar el agotamiento. Es como elegir los mejores caminos para evitar el tráfico caótico y llegar a nuestro destino con mayor rapidez y tranquilidad.

Cultivando la atención plena: En un mundo lleno de distracciones, la atención plena se convierte en un refugio de paz y concentración. Practicar la meditación, la respiración consciente y otras técnicas de mindfulness nos ayuda a calmar la mente, reducir el estrés y vivir el momento presente con mayor plenitud. Es como encontrar un oasis de paz en medio del ajetreo de la metrópoli, un lugar para recargar energías y reconectarnos con nosotros mismos.

Construyendo relaciones significativas: En un mundo cada vez más individualista y virtual, cultivar relaciones reales, basadas en la conexión humana, el apoyo mutuo y la empatía, es esencial para la salud emocional y la felicidad. Es como crear una red de apoyo en la metrópoli, con personas que nos acogen, nos inspiran y nos ayudan a afrontar los desafíos.

Encontrando propósito y significado: En un mundo en constante transformación, encontrar un propósito de vida, una misión que nos motive y nos dé dirección, es fundamental para cultivar la esperanza, el optimismo y la resiliencia. Es como tener un destino claro en mente, un lugar que nos inspire a seguir adelante y superar los obstáculos.

Desarrollando la adaptabilidad: El mundo moderno es un entorno en constante cambio que exige flexibilidad, creatividad y capacidad de adaptación. Aprender a lidiar con los cambios, abrazar lo nuevo y reinventarse frente a los desafíos es esencial para navegar por las incertidumbres del futuro con mayor confianza y serenidad. Es como ser un explorador urbano, descubriendo nuevos territorios de la metrópoli con curiosidad y valentía.

Cuidando la salud mental: Priorizar la salud mental es fundamental para afrontar los desafíos del mundo moderno con equilibrio y bienestar. Cultivar hábitos saludables, como la práctica de ejercicio físico, una alimentación consciente, un sueño reparador y el contacto con la naturaleza, es como construir un refugio de paz y tranquilidad en medio del caos de la metrópoli.

La gestión emocional en el mundo moderno es un arte esencial para mantener el equilibrio en un escenario lleno de estímulos, demandas y cambios rápidos. Esta habilidad nos invita a desacelerar, cultivar conciencia sobre nuestras emociones y encontrar herramientas que nos ayuden a navegar por la complejidad del presente con serenidad y propósito.

Al aplicar prácticas como la atención plena, el autocuidado y la priorización de conexiones humanas auténticas, construimos un refugio interno capaz de protegernos de la sobrecarga cotidiana. En este espacio de equilibrio, podemos tomar decisiones más conscientes, preservar nuestra salud emocional y encontrar significado en cada desafío enfrentado.

Así, incluso en medio del frenético ritmo de la vida contemporánea, la gestión emocional nos permite trazar un camino más armonioso y significativo. Con ella, transformamos las adversidades del mundo moderno en oportunidades de crecimiento y aprendizaje, fortaleciendo nuestra capacidad de vivir con presencia, propósito y bienestar.

Capítulo 51
Gestión Emocional en la Práctica

La gestión emocional no es solo un concepto teórico o una habilidad a ser utilizada en momentos específicos; es una práctica que se manifiesta en cada decisión, interacción y desafío enfrentado diariamente. Así como un artesano que utiliza sus herramientas para crear algo único y bello, integrar las herramientas de la gestión emocional en lo cotidiano es esencial para construir una vida más equilibrada y significativa. Esta aproximación práctica transforma la teoría en acción y permite que cada elección refleje intencionalidad y autoconciencia.

Incorporar la gestión emocional en el día a día comienza con la atención plena al presente y al impacto de las emociones en nuestras actitudes y relaciones. Reconocer patrones emocionales y utilizarlos como guías para ajustes conscientes es fundamental para mantener el equilibrio incluso en situaciones adversas. Desde la organización de la rutina hasta el manejo de conflictos, aplicar la comunicación asertiva, la empatía y la regulación emocional permite transformar las interacciones cotidianas en oportunidades de crecimiento y conexión genuina.

Esta práctica continua también involucra el cultivo de emociones positivas y el desarrollo de resiliencia frente a las dificultades. Sea al adoptar la gratitud como una forma de ver la vida con más claridad y propósito, o al encarar desafíos como oportunidades de aprendizaje, la gestión emocional ofrece una base sólida para la realización personal. Integrar estas herramientas en el día a día es más que una elección; es un compromiso de vivir de forma consciente, promoviendo bienestar para sí mismo y para aquellos alrededor.

La gestión emocional no se resume a conceptos abstractos y ejercicios aislados. Es una práctica continua, un estilo de vida que se manifiesta en cada elección, en cada relación, en cada desafío. Es como un jardinero que cuida de su jardín con dedicación y amor, podando las malas hierbas, regando las flores y cultivando un suelo fértil para el florecimiento de la vida.

Aplicando la gestión emocional en lo cotidiano:

Rutina consciente: Comience el día con una práctica de mindfulness, como la meditación o la respiración consciente, para calmar la mente y conectarse con el presente. A lo largo del día, preste atención a sus emociones, sus pensamientos y sus reacciones. Observe los detonantes que desencadenan emociones negativas y busque utilizar las herramientas de regulación emocional que ha aprendido.

Relaciones saludables: Aplique los principios de la comunicación asertiva, la empatía y la compasión en sus relaciones con familiares, amigos, colegas de trabajo y parejas amorosas. Comunique sus necesidades y opiniones de forma clara y respetuosa, busque comprender el punto de vista del otro y cultive lazos de afecto y confianza.

Gestionando el estrés: Utilice las técnicas de relajación, organización del tiempo y resolución de problemas para lidiar con el estrés del día a día. Defina prioridades, delegue tareas, establezca límites y reserve tiempo para el ocio y el descanso.

Cultivando emociones positivas: Practique la gratitud, el perdón, la autocompasión y el pensamiento positivo para nutrir su salud emocional y cultivar la felicidad. Concéntrese en las bendiciones de la vida, en las personas que ama, en las experiencias positivas y en sus cualidades y logros.

Superando desafíos: Utilice la resiliencia, la autoconfianza y la persistencia para superar los desafíos y las adversidades que la vida le presenta. Recuerde que los obstáculos son oportunidades de aprendizaje y crecimiento, y que usted tiene la fuerza interior necesaria para superarlos.

Buscando autoconocimiento: Continúe explorando su mundo interior, sus pensamientos, emociones, valores y creencias. Invierta en su autoconocimiento a través de la lectura, la reflexión, la meditación, la terapia u otras prácticas que le permitan conocerse cada vez más profundamente.

Aprendiendo con la experiencia: A cada día, a cada interacción, a cada desafío, usted tiene la oportunidad de aprender y crecer. Esté abierto a nuevas experiencias, a nuevos conocimientos y a nuevas perspectivas. La vida es una escuela constante, y cada momento es una oportunidad de aprender y evolucionar.

La gestión emocional en la práctica es una jornada de autodescubrimiento y transformación, donde cada momento del día se convierte en una oportunidad para cultivar equilibrio, resiliencia y bienestar. Incorporarla en la rutina significa actuar con intención y consciencia, utilizando herramientas como la atención plena, la comunicación asertiva y la resiliencia para enfrentar desafíos y nutrir relaciones significativas.

Pequeños hábitos, como comenzar el día con un momento de silencio o gratitud, pueden redefinir la forma en que encaramos el mundo. Aplicar empatía en las interacciones y ver los obstáculos como oportunidades de crecimiento son pasos fundamentales para vivir de manera más conectada y equilibrada.

Al practicar la gestión emocional diariamente, transformamos nuestra perspectiva y fortalecemos nuestra capacidad de lidiar con las complejidades de la vida. Este compromiso continuo nos permite florecer como individuos e inspirar a otros a nuestro alrededor, creando un impacto positivo que se extiende mucho más allá de nosotros mismos.

Capítulo 52
Creando un Plan de Acción

Elaborar un plan de acción para la gestión emocional es como trazar el proyecto de una construcción cuidadosamente planeada, donde cada detalle contribuye para crear un ambiente de equilibrio y crecimiento. Esta aproximación práctica permite transformar intenciones en acciones concretas, guiando cada paso hacia una vida más plena y consciente. Un plan eficaz comienza con la definición clara de objetivos personales, que servirán como el cimiento para toda la estructura, proporcionando dirección y propósito a la jornada de autodesarrollo.

El primer paso es evaluar el terreno: un examen sincero de sus emociones, habilidades y desafíos actuales. Identificar puntos fuertes y áreas que necesitan de mejoras es fundamental para seleccionar las herramientas más adecuadas. Cada técnica escogida, sea la práctica de mindfulness, ejercicios físicos o estrategias de comunicación asertiva, debe alinearse a sus objetivos y estilo de vida, formando la base para hábitos consistentes y sostenibles.

La implementación del plan exige monitoreo continuo y flexibilidad para ajustes a lo largo del camino. Revisar los avances, reconocer conquistas y recalibrar estrategias son etapas indispensables para mantener la motivación y garantizar el éxito. Al celebrar cada progreso, usted refuerza su dedicación y construye, ladrillo por ladrillo, una "casa interior" que refleja equilibrio, bienestar y resiliencia emocional. Así, su plan de acción se convierte no solo en una guía, sino en un reflejo de su compromiso con una vida más armoniosa y significativa.

Un plan de acción es una guía personalizada que le auxilia a poner en práctica los conocimientos adquiridos sobre gestión emocional. Sirve como un mapa para su jornada de autoconocimiento y transformación, orientando sus elecciones, motivando sus acciones y celebrando sus conquistas.

Construyendo su casa interior:

Definición de metas: Comience definiendo sus objetivos de forma clara y específica. ¿Qué desea alcanzar con la gestión emocional? ¿Qué aspectos de su vida desea mejorar? ¿Qué habilidades desea desarrollar? Es como definir el tipo de casa que desea construir, el número de habitaciones, el estilo arquitectónico, las funcionalidades que son importantes para usted.

Autoevaluación: Haga una autoevaluación sincera y completa de sus habilidades de gestión emocional. ¿Cuáles son sus puntos fuertes? ¿Cuáles son sus puntos débiles? ¿Cuáles son los principales desafíos que enfrenta en relación con sus emociones? Es como evaluar el terreno donde la casa será construida, identificando las características del suelo, la inclinación del terreno, los obstáculos a ser superados.

Elección de las herramientas: Con base en sus objetivos y en su autoevaluación, seleccione las herramientas de gestión emocional más adecuadas para usted. ¿Qué técnicas de relajación prefiere? ¿Qué prácticas de mindfulness le atraen? ¿Qué habilidades de comunicación necesita desarrollar? Es como escoger los materiales de construcción, las herramientas y los equipos que serán utilizados en la obra.

Creación de hábitos: Incorpore las herramientas escogidas a su rutina diaria, creando hábitos saludables que promuevan el equilibrio emocional. Establezca horarios para la práctica de la meditación, la respiración consciente, el ejercicio físico, la lectura o cualquier otra actividad que le ayude a cultivar el bienestar. Es como construir los hábitos de cuidar de su casa, limpiando, organizando, haciendo la manutención preventiva para garantizar su durabilidad y confort.

Monitoreo y evaluación: Monitoree su progreso regularmente, evaluando si las herramientas y los hábitos que ha escogido le están ayudando a alcanzar sus objetivos. Esté abierto a ajustar su plan de acción siempre que sea necesario, adaptándolo a sus necesidades y a sus avances. Es como acompañar la obra de su casa, haciendo las adaptaciones necesarias durante el proceso de construcción para garantizar que el resultado final sea el deseado.

Celebración de las conquistas: Reconozca y celebre cada paso dado, cada meta alcanzada, cada hábito incorporado. La celebración es una forma de motivarse a continuar la jornada y de reconocer sus esfuerzos y su progreso. Es como conmemorar la conclusión de su casa, organizando una fiesta de inauguración para celebrar la conquista y compartir la alegría con las personas queridas.

Crear un plan de acción para la gestión emocional es un compromiso de transformación personal que nos capacita a vivir con más consciencia, equilibrio y propósito. Esta construcción exige autoconocimiento y dedicación, pero también ofrece la oportunidad de crear una base sólida para el bienestar emocional y la resiliencia.

Al integrar herramientas prácticas en su rutina y acompañar su progreso con regularidad, usted transforma intenciones en resultados tangibles. Cada ajuste en el recorrido refleja su capacidad de adaptación y fortalece su jornada. Reconocer y celebrar las conquistas, por menores que sean, es esencial para mantener la motivación y reforzar su confianza.

Este plan no es solo una guía, sino un reflejo de su compromiso con una vida más plena. Ladrillo por ladrillo, usted construye un espacio interno de serenidad y fuerza, donde el equilibrio emocional se convierte en una práctica viva y duradera. Esta casa interior será su refugio, su cimiento y su expresión más auténtica de quién usted es.

Capítulo 53
Expandiendo su Kit de Gestión Emocional

Ampliar el conjunto de herramientas para la gestión emocional es como añadir nuevos instrumentos al repertorio de un artesano experimentado, permitiéndole crear con aún más precisión, profundidad y versatilidad. A medida que exploramos nuevas técnicas y recursos, ampliamos nuestra capacidad de lidiar con los desafíos emocionales y nutrimos una aproximación más rica y consciente en relación con nuestro bienestar. Esta expansión no solo diversifica las posibilidades, sino que también personaliza el cuidado emocional para atender a nuestras necesidades únicas.

La base de este proceso es la curiosidad y la experimentación. Libros, artículos y recursos educacionales ofrecen ventanas para nuevas ideas y aproximaciones, conectándonos a perspectivas diferentes e inspiradoras. Tecnologías como aplicaciones y plataformas digitales pueden ser aliadas valiosas, disponibilizando herramientas prácticas y accesibles, como meditaciones guiadas y diarios interactivos. Paralelamente, cursos, workshops y grupos de soporte nos ponen en contacto con otras personas en jornadas semejantes, creando un espacio de aprendizaje mutuo e intercambio enriquecedor.

Es importante recordar que la gestión emocional es una jornada continua y adaptativa. Terapias tradicionales o complementarias, como yoga, meditación y prácticas artísticas, pueden ser integradas para profundizar la conexión con nuestro interior. Al mismo tiempo, la simplicidad de momentos en la naturaleza o la expresión creativa en artes diversas contribuyen para un equilibrio más pleno. Con cada recurso explorado, usted no solo construye un kit de gestión emocional más robusto, sino que también refina su capacidad de cultivar resiliencia, equilibrio y realización en cada aspecto de la vida.

Así como un artesano escoge las herramientas más adecuadas para cada etapa de su creación, usted también puede seleccionar los recursos que mejor se adaptan a sus necesidades y a sus objetivos. Experimente, explore, descubra nuevas formas de nutrir su salud emocional y construir una vida más plena y significativa.

Expandiendo su arsenal de bienestar:

Libros y artículos: La lectura es una fuente inagotable de conocimiento e inspiración. Explore libros y artículos sobre gestión emocional, psicología positiva, mindfulness, neurociencia, espiritualidad y otros temas que le interesen. La lectura puede ofrecerle nuevas perspectivas, expandir sus horizontes y presentarle nuevas herramientas y técnicas.

Aplicaciones y plataformas digitales: La tecnología puede ser una aliada poderosa en la gestión emocional. Existen diversas aplicaciones y plataformas digitales que ofrecen meditaciones guiadas, ejercicios de respiración, programas de desarrollo personal, diarios de gratitud y otras herramientas para el cultivo del bienestar.

Cursos y workshops: Participar de cursos y workshops sobre gestión emocional puede proporcionarle una experiencia de aprendizaje más inmersiva e interactiva. En estos espacios, usted puede compartir experiencias con otras personas, aprender con instructores calificados y profundizar en temas específicos.

Grupos de soporte: Compartir experiencias y conectarse con personas que enfrentan desafíos semejantes puede ser una fuente de apoyo, inspiración y motivación. Procure grupos de soporte en su comunidad o online, donde usted pueda sentirse a gusto para compartir sus sentimientos, recibir y ofrecer apoyo, y aprender con las experiencias de los otros.

Terapia y acompañamiento profesional: La terapia es un espacio seguro y confidencial para explorar cuestiones emocionales, comportamentales y relacionales con la ayuda de un profesional calificado. Un terapeuta puede ayudarle a identificar patrones de comportamiento disfuncionales, a desarrollar habilidades de gestión emocional y a construir una vida más saludable y equilibrada.

Prácticas complementarias: Explore prácticas complementarias que promuevan el bienestar físico, mental y emocional, como yoga, meditación, acupuntura, masaje, aromaterapia y otras terapias integrativas.

Contacto con la naturaleza: La naturaleza es una fuente inagotable de paz, belleza y renovación. Reserve tiempo para conectarse con la naturaleza, sea caminando en un parque, observando el mar, cuidando de un jardín o simplemente contemplando la belleza del cielo estrellado.

Expresión artística: El arte es una forma poderosa de expresión emocional, creatividad y autoconocimiento. Explore diferentes formas de expresión artística, como la pintura, la música, la danza, la escritura, el teatro, y descubra nuevas formas de conectarse con sus emociones y dar rienda suelta a su creatividad.

Expandir su kit de gestión emocional es una oportunidad de enriquecer su jornada con nuevas herramientas, técnicas y prácticas que resuenen con su esencia. Cada recurso explorado se convierte en un aliado en la construcción de una vida más equilibrada, conectada y significativa, ayudando a enfrentar desafíos emocionales con mayor versatilidad y confianza.

A medida que experimentamos nuevos caminos - sea a través de la lectura, tecnología, arte o naturaleza - descubrimos capas más profundas de autoconciencia y bienestar. Esta expansión nos invita a integrar saberes diversos, creando un arsenal emocional único que refleja nuestra individualidad y nos conecta a una red más amplia de experiencias humanas.

Con curiosidad y apertura, cada herramienta añadida a su kit transforma su práctica de gestión emocional en un arte viva. Esta evolución continua no solo fortalece su resiliencia, sino que también abre puertas para nuevas formas de expresión, aprendizaje y conexión con el mundo a su alrededor.

Capítulo 54
Manteniendo el Equilibrio

La gestión emocional es como una maratón que exige preparación, disciplina y constancia. Para mantener el equilibrio emocional a largo plazo, es esencial establecer hábitos consistentes que sirvan como base para una vida más tranquila y saludable. Así como un corredor de larga distancia ajusta su ritmo para evitar el agotamiento, nosotros también necesitamos encontrar un ritmo adecuado para cuidar del cuerpo, de la mente y de las emociones, manteniendo la constancia incluso en medio de desafíos.

El equilibrio emocional se sustenta por prácticas simples y eficaces. Reservar momentos para la meditación o la respiración consciente, adoptar una alimentación equilibrada y priorizar el sueño son pilares fundamentales. Estas prácticas no solo fortalecen la capacidad de lidiar con el estrés diario, sino que también crean una base sólida para la resiliencia. Además, el reconocimiento y la celebración de las pequeñas conquistas en el camino de la gestión emocional son formas de reforzar la motivación y cultivar el optimismo, garantizando energía renovada para continuar la jornada.

La clave para mantener el equilibrio está en permanecer flexible y adaptable. Así como un maratonista ajusta su estrategia dependiendo de las condiciones del recorrido, necesitamos ajustarnos a los cambios de la vida. La flexibilidad nos permite superar obstáculos, redefinir metas y continuar con ligereza. Al cultivar esta aproximación dinámica y consciente, construimos una base estable para una vida emocionalmente equilibrada, plena de propósito y satisfacción.

Así como un maratonista se prepara para la carrera con entrenamientos regulares, alimentación adecuada y descanso suficiente, nosotros también necesitamos cultivar hábitos que nos ayuden a mantener el equilibrio emocional a lo largo de la vida. Estos hábitos son como combustible para nuestra jornada, dándonos energía, resistencia y vitalidad para enfrentar los desafíos y seguir adelante con ligereza y determinación.

Corriendo la maratón de la vida:

Ritmo y constancia: Así como un maratonista mantiene un ritmo constante para no agotarse antes del final de la carrera, en la gestión emocional también es importante cultivar la constancia y la disciplina. Practica la meditación, la respiración consciente, el ejercicio físico y otros hábitos saludables con regularidad, incluso cuando te sientas desmotivado o sin tiempo. La constancia es la clave para construir una base sólida de bienestar y resiliencia.

Hidratación y nutrición: Así como un maratonista se hidrata y se alimenta adecuadamente durante la carrera, en la gestión emocional también es fundamental nutrir el cuerpo y la mente con alimentos saludables, agua y buenos pensamientos. Una dieta equilibrada, rica en frutas, verduras y legumbres, proporciona los nutrientes esenciales para el buen funcionamiento del cuerpo y del cerebro. Cultivar pensamientos positivos, practicar la gratitud y conectar con personas queridas nutre el alma y fortalece el espíritu.

Descanso y recuperación: Así como un maratonista necesita descanso para recuperar las energías y prevenir lesiones, en la gestión emocional también es esencial priorizar el sueño, la relajación y los momentos de paz y quietud. El sueño reparador permite que el cuerpo y la mente se regeneren, y los momentos de relajación ayudan a reducir el estrés y la ansiedad.

Superando los obstáculos: Así como un maratonista enfrenta subidas, bajadas y otros obstáculos a lo largo del recorrido, en la vida también encontramos desafíos y dificultades que ponen a prueba nuestra resistencia y nuestra determinación. Utilizar las herramientas de la gestión emocional, como la resiliencia, la persistencia y el optimismo, nos ayuda a superar estos obstáculos y a seguir adelante con más fuerza y confianza.

Foco en el objetivo: Así como un maratonista mantiene el foco en la línea de llegada, en la gestión emocional es importante mantener el foco en tus objetivos y en tus motivaciones. Recuerda tus sueños, tus valores y los beneficios que una vida equilibrada y feliz puede proporcionarte. El foco nos mantiene motivados y nos da fuerza para continuar la jornada.

Adaptación y flexibilidad: Así como un maratonista necesita adaptarse a las condiciones climáticas, al terreno y a los imprevistos que pueden surgir durante la carrera, en la gestión emocional también es importante ser flexible y adaptarse a los cambios y a los desafíos que la vida nos presenta. La flexibilidad nos permite ajustar nuestro ritmo, cambiar de estrategia y seguir adelante con más ligereza y eficiencia.

Celebración y gratitud: Así como un maratonista celebra la conquista de llegar a la línea de llegada, en la gestión emocional es importante celebrar cada etapa vencida, cada hábito incorporado, cada aprendizaje conquistado. La gratitud por las pequeñas victorias y por los progresos alcanzados nos llena de alegría, motivación y energía para continuar la jornada.

Mantener el equilibrio emocional es un compromiso continuo, semejante a una maratón en la que cada paso fortalece nuestra resiliencia y nos aproxima de una vida más plena y satisfactoria. Prácticas diarias consistentes, como cuidar del cuerpo, nutrir la mente y cultivar emociones positivas, forman el cimientos de esta jornada.

La flexibilidad es esencial para ajustar el ritmo ante los imprevistos, permitiéndonos avanzar con ligereza y confianza. Reconocer que los desafíos forman parte del recorrido nos ayuda a encararlos como oportunidades de aprendizaje y crecimiento, reforzando nuestra determinación.

Celebrar cada conquista, por pequeña que sea, nos conecta al propósito de la jornada y renueva nuestra energía para seguir adelante. Con ritmo constante, adaptación y gratitud, construimos un equilibrio emocional duradero, que nos sustenta en todas las etapas de la maratón de la vida.

Capítulo 55
Cosechando los Frutos de la Gestión Emocional

El recorrido por el universo de la gestión emocional es una jornada de autoconocimiento y transformación que nos recompensa con frutos valiosos. Relaciones más saludables, mayor resiliencia ante los desafíos, una paz interior duradera y un propósito renovado son solo algunos de los tesoros conquistados al dominar el arte de gestionar las emociones. Así como un agricultor que dedica tiempo y paciencia al cultivo de su tierra, cosecharemos los beneficios del cuidado constante con nuestra salud emocional.

A medida que avanzamos en esta jornada, percibimos que no tiene un punto final, sino un flujo continuo de aprendizaje y crecimiento. La gestión emocional es un compromiso diario, un proceso dinámico de ajuste y evolución. Es como cuidar de un jardín: al podar lo que no sirve, regar con regularidad y dar atención a las necesidades de las flores y plantas, garantizamos que el ambiente florezca en armonía y belleza.

Que las herramientas y aprendizajes adquiridos a lo largo de esta trayectoria continúen guiando cada decisión, cada relación y cada desafío que surja.

Recuerda que el mapa de esta jornada está en tus manos, y las elecciones hechas hoy definirán el futuro que deseas construir. Con dedicación y confianza en tu capacidad de aprender y crecer, la gestión emocional será una aliada esencial en tu jornada por la vida, ayudándote a crear un camino más consciente, equilibrado y significativo.

Así como un agricultor que cultiva la tierra con dedicación y paciencia, cosechando los frutos de su trabajo a lo largo de las estaciones, nosotros también podemos cosechar los frutos de la gestión emocional en nuestra vida cotidiana. Relaciones más saludables, mayor resiliencia ante los desafíos, bienestar físico y mental, paz interior, autoconocimiento, felicidad y propósito - estos son algunos de los tesoros que podemos encontrar al dominar el arte de navegar por las emociones.

La gestión emocional no es un destino, sino una jornada continua de aprendizaje y crecimiento. Es un compromiso consigo mismo, una búsqueda constante por el equilibrio, por la consciencia y por la armonía interior. Es como un jardín que necesita ser cultivado con amor, dedicación y atención, para que las flores de la felicidad, de la paz y de la realización personal puedan florecer en toda su plenitud.

Que esta jornada por el mundo de la gestión emocional sea solo el comienzo de una vida más consciente, equilibrada y feliz. Que las herramientas y los conocimientos adquiridos a lo largo de este camino te acompañen en cada paso, en cada elección, en cada relación, en cada desafío. Y que puedas cosechar los frutos de la gestión emocional en todos los aspectos de tu vida, construyendo un futuro más promisorio, significativo y realizador.

La gestión emocional es un legado que dejamos a nosotros mismos, una jornada de cuidado y transformación que florece en cada aspecto de nuestra existencia. Los frutos cosechados - relaciones más profundas, mayor equilibrio, resiliencia y una conexión auténtica con nuestro propósito - nos recuerdan el poder de nuestras elecciones y el impacto del autoconocimiento en nuestra vida.

Al continuar cultivando este jardín interno con paciencia y atención, garantizamos que prospere en todas las estaciones. Cada práctica adoptada, cada reflexión incorporada y cada emoción acogida son semillas plantadas para un futuro más pleno y significativo. Este es un proceso sin fin, donde el aprendizaje constante fortalece nuestro camino y renueva nuestras fuerzas.

Que estos frutos sean celebrados y compartidos, alimentando no solo tu crecimiento, sino también inspirando a aquellos a tu alrededor. Con dedicación, la gestión emocional no solo transforma tu jornada, sino que también ilumina el mundo, probando que el equilibrio interior es la base para una vida verdaderamente realizada.

Epílogo

Al finalizar este libro, siento una profunda gratitud por haber transitado este camino a tu lado. Es con humildad y alegría que me despido de estas páginas, esperando que hayan resonado en tu corazón y abierto nuevos horizontes en tu jornada personal.

Escribir este libro fue, para mí, una experiencia transformadora. Cada palabra, cada concepto, cada reflexión compartida nació de un deseo profundo de contribuir a la construcción de un mundo más consciente, compasivo y emocionalmente inteligente.

A lo largo de estos capítulos, exploramos juntos el universo fascinante de las emociones. Investigamos el lenguaje secreto que hablan, sus mecanismos complejos, sus matices y sus paradojas. Nos sumergimos en las profundidades de la psique humana, desvelando los misterios de la mente y los caminos que llevan al autoconocimiento, a la curación y a la transformación personal.

Espero que este libro haya sido más que una simple lectura. Que haya sido un diálogo entre nosotros, una invitación a la reflexión, una provocación para que te reconectes con tu sabiduría interior y despiertes al maestro que reside en tu interior.

Agradezco por haberme acompañado en esta jornada. Espero que las herramientas y los conocimientos compartidos aquí te auxilien a transitar tu camino con más claridad, confianza y serenidad. Que este libro sea una guía para tu jornada de autoconocimiento, curación y transformación personal.

Recuerda: las emociones son como brújulas que nos guían por los caminos de la vida. Al aprender a escucharlas con atención y respeto, podemos navegar con más seguridad por las aguas de la existencia, transformando desafíos en oportunidades y construyendo una vida más plena, auténtica y significativa.

Con gratitud,
Amadeu Rossi.